数字经济发展对居民消费结构升级的影响研究

—— 艾磊华 ◎ 著 ——

吉林出版集团股份有限公司
全国百佳图书出版单位

图书在版编目（CIP）数据

数字经济发展对居民消费结构升级的影响研究 / 艾磊华著. -- 长春：吉林出版集团股份有限公司，2022.9

ISBN 978-7-5731-2351-0

Ⅰ.①数… Ⅱ.①艾… Ⅲ.①信息经济－经济发展－影响－居民消费－研究 Ⅳ.①C913.3

中国版本图书馆CIP数据核字(2022)第182927号

SHUZI JINGJI FAZHAN DUI JUMIN XIAOFEI JIEGOU SHENGJI DE YINGXIANG YANJIU
数字经济发展对居民消费结构升级的影响研究

著　　者	艾磊华
责任编辑	田　璐
装帧设计	朱秋丽
出　　版	吉林出版集团股份有限公司
发　　行	吉林出版集团青少年书刊发行有限公司
地　　址	吉林省长春市福祉大路5788号
电　　话	0431-81629808
印　　刷	北京银祥印刷有限公司
版　　次	2022年9月第1版
印　　次	2022年9月第1次印刷
开　　本	787 mm×1092 mm　1/16
印　　张	9.25
字　　数	213千字
书　　号	ISBN 978-7-5731-2351-0
定　　价	65.00元

版权所有·翻印必究

前　言

随着信息和通信技术的发展，数字经济异军突起，已成为全球经济社会发展的重要推动力。数字经济的快速发展及其产生的巨大活力，使得各国政府意识到数字经济的发展对推动本国和地区经济社会发展的重要作用和意义，纷纷开始关注数字经济的发展，并将数字经济作为推动经济发展的新动力、新引擎。发展数字经济对中国具有特殊意义，因为数字经济成为新常态下中国经济发展的新动能，数字经济是引领国家创新战略实施的重要力量。中国发展数字经济有自身的特殊优势，包括网民优势孕育了中国数字经济的巨大潜能，后发优势为数字经济提供了跨越式发展的特殊机遇，制度优势为数字经济发展提供了强有力的保障。数字经济是引领创新战略的重要力量，表现为高速泛在的信息基础设施基本形成，数字经济成为国家经济发展的重要引擎，数字经济在生产生活各个领域全面渗透，数字经济推动新业态与新模式不断涌现。总之，中国数字经济发展有着美好的前景。

一个国家的经济增长主要取决于消费、投资和净出口三个因素。与投资和出口相比，消费是最基础、最不可代替的因素，它是决定一国经济能否持续稳定增长的关键。长期以来，我国居民的消费率过低而储蓄率过高，消费增长的速度落后于经济增长速度，导致消费、投资与净出口的结构失衡。投资和净出口成为推动我国经济增长的重要力量，但外需的不确定性和不可控性会给我国经济发展带来麻烦，过分倚重外需拉动经济增长不是长久之计；而通过扩大投资特别是加大政府对基础设施的投资力度，虽然短期内可直接拉动经济增长，但将来仍然会出现内需不足的问题。

因此，对于我国这样的一个大国，要保证经济的持续、稳定发展，从长远来看只能依靠消费，尤其是依靠居民消费来拉动经济。而消费结构是经济结构的重要组成部分，又是消费的核心内容，居民消费结构的升级是扩大居民消费需求的重要方面，结构的优化升级有利于消费总量的增加，从而拉动我国的经济增长。居民消费是实现国民经济良性循环的关键，而居民消费结构是否合理又是能否大幅提高消费总量的关键，体现了其在社会主义市场经济运行中的重大作用。

由于笔者水平有限，时间仓促，书中不足之处在所难免，望各位读者、专家不吝赐教。

目 录

第一章　数字经济是推动经济发展的新引擎 …………………………………… 1
　　第一节　数字经济概述 ……………………………………………………… 1
　　第二节　发展数字经济的特殊意义 ………………………………………… 5
　　第三节　发展数字经济具有的优势 ………………………………………… 8
　　第四节　数字经济是引领创新战略的重要力量 …………………………… 11

第二章　数字经济的战略抉择 …………………………………………………… 17
　　第一节　基础建设：加快企业和市场的数字化创新步伐 ………………… 17
　　第二节　融合发展：调整产业结构，提高信息化程度 …………………… 23
　　第三节　共享参与：弥合数字鸿沟，平衡数字资源 ……………………… 27

第三章　大力推动数字内容产业发展 …………………………………………… 32
　　第一节　数字内容产业的发展现状 ………………………………………… 32
　　第二节　数字内容产业的发展战略 ………………………………………… 36
　　第三节　数字内容产业的经营发展模式及政策 …………………………… 40

第四章　居民消费概述 …………………………………………………………… 46
　　第一节　研究背景 …………………………………………………………… 46
　　第二节　研究意义与目的 …………………………………………………… 48
　　第三节　研究方法与内容结构 ……………………………………………… 50

第五章　居民消费结构的研究综述 ……………………………………………… 52
　　第一节　国内外居民消费结构的相关理论 ………………………………… 52
　　第二节　居民消费结构理论的简要评述 …………………………………… 56
　　第三节　居民消费结构的界定 ……………………………………………… 56

第六章　居民消费结构的理论阐释 ……………………………………………… 62
　　第一节　居民消费结构的影响因素 ………………………………………… 62

- 第二节　居民消费结构与产业结构、流通结构、收入分配结构的相互关系……68
- 第三节　居民消费结构与经济增长的关系……71

第七章　基于 ELES 模型的居民消费结构静态分析——截面数据……76
- 第一节　扩展线性支出系统模型……76
- 第二节　居民消费结构比较分析……77

第八章　我国居民消费结构动态分析——时间序列数据……89
- 第一节　数据的选取与研究时间的选择……89
- 第二节　人均可支配收入与人均消费支出……90
- 第三节　动态变化中的平均消费倾向……91
- 第四节　消费支出结构变化……92
- 第五节　居民消费结构动态分析小结……96

第九章　居民消费结构的区域差异性分析……97
- 第一节　空间的选择及数据的选取……97
- 第二节　各区域居民消费结构情况……97
- 第三节　各区域居民消费结构与全国平均水平的差异性……101

第十章　我国居民消费结构演变趋势及优化升级现实基础……104
- 第一节　我国居民消费结构存在的问题及原因……104
- 第二节　我国居民消费结构升级的现实基础……114

第十一章　培育消费热点，促进居民消费结构合理化……120
- 第一节　消费热点的形成条件……120
- 第二节　消费热点的探索……121
- 第三节　优化居民消费结构的政策建议……132

参考文献……139

第一章 数字经济是推动经济发展的新引擎

目前,我国经济已经进入由高速发展向高质量发展转变的新发展阶段,如何推动经济高质量发展,打造经济增长的新引擎已成为我国"十四五"时期经济社会发展的重大课题。数字经济作为第四次信息产业革命的新业态新经济,已成为世界各国争相布局的经济发展新动能。习近平总书记在中共中央政治局第三十四次集体学习时指出,要"不断做强做优做大我国数字经济",并就"加强关键核心技术攻关""加快新型基础设施建设""推动数字经济和实体经济融合发展"等方面进行了阐述,为我国数字经济发展指明了方向。大力发展数字经济是贯彻新发展理念、构建新发展格局,助推"十四五"时期经济高质量发展的重要支撑。

第一节 数字经济概述

目前,随着云计算、大数据、移动互联网、物联网和人工智能的出现,推动了第二次信息革命——数据革命,进入数字经济2.0时代。世界经济正处于加速向以数字经济为重要内容的经济活动转变的过程中,国内外数字经济正处于密集创新期和高速增长期。对中国而言,数字经济已经扬帆起航,数字经济必将引领新的经济增长。如此深刻的经济领域变革,必将带来政府治理方式的变革。时势使然,关于中国数字经济发展及其与政府治理关系的相关研究尤显重要和紧迫。

一、数字经济引领中国未来经济发展

2016年9月,G20杭州峰会出炉的《二十国集团数字经济发展与合作倡议》,表明发展数字经济已成为全球共识。过去几十年,数字经济发展迅猛,在经济发展中的引领和主导作用不断增强。根据麦肯锡公司的技术预测,数字经济在21世纪上半叶仍将唱主角。

第一,数字经济是社会生产力发展的必然。马克思强调"主要生产力,即人本身",也就是说,生产力首先不是物而是人,离开人就无所谓生产力。同样,生产力的发展不仅仅指经济的增长和物质财富的增加,同时也包含着人的发展,如人的潜能、个性、价值的发挥和发展。显然,社会发展到信息化时代,人在生产力发展中更具有决定性的意义。

数字经济是化解供给需求困境的理想选择。根据《人类简史》划分，人类目前正处于社会发展的第三阶段，此阶段需求的多样化和分散，导致供给的效率受到挑战。具体表现在以下几方面：从需求来看，数量的维度越来越小（小众），时间的维度越来越短（即时满足），需求挖掘的维度越来越难；从供给来看，分工越来越细（协同成本高），专业化越来越强（沟通成本高），运输（时间、资金）成本越来越高。未来经济发展中的供给需求困境导致企业规模越来越小、存续期越来越短、产能过剩、总需求在增加却无法得到满足等问题。那么，如何破解未来经济发展困境？答案是数字经济一定是将来发展的必由之路。互联网的出现，使得企业规模化地满足人们个性需求成为一种可能。互联网低廉的运输成本、信息传输成本，能够实现小众需求。总之，生产力的发展决定了数字经济最终要为个性化需求服务。

新的技术革命必然引发新的经济革命。工业革命也称为第二次工业革命，电力让很多行业发生了翻天覆地的变化，电改变了人类的生产效率是人类进入现代社会的工具，每个行业的工作效率都在有了电力后大幅提升。同样，四通八达的数据信息和互联网引导了第三次工业革命浪潮，尤其是计算机的发明与发展，从根本上改变了经济文化的内涵。互联网的价值虽然远甚于电，但它还是辅助工具，互联网本身的产业化，也是工业革命的产品，而非人类精神文明的进化。理解"互联网+"，需要更开阔的历史人文视野。在一定程度上，"互联网+"不是简单的"互联网+传统行业"。换言之，并不是说"互联网+传统行业"就等于"互联网+"，它本身所具有的精神高度和满足人类需要的程度决定了"互联网+"的理念。数字经济的发展依托互联网和大数据，但数字经济发展的终极水平，将是无生命的数据在物质文明和精神文明的双高度进行融合、分享、改造和提升。从这个意义上来说，"互联网+"就是数字经济的灵魂，"+"不单单是数据产品和互联网所创造的经济价值，而是人类思想领域一种意义深远的精神革命，它渗透在人类生活的各个方面，是未来社会人类灵魂创新造血的骨髓。所以，数字经济时代，人的精神文明构建与需求是纲，大数据的技术与智能发展水平是目，纲举目张。数字经济时代必然改变社会组织结构，改变人的需求，不再以财富为标准。主体不同，界定概念不同，发展就不同。

"+互联网"仍停留于"传统业态+互联网"的观念，把互联网视为工具；而"互联网+"传递的信号则是"互联网+各个传统行业"，互联网只是载体，在数字与互联网架构的基础上创造的满足人的物质与精神的综合需要才是主题。

大数据让数字经济腾飞。数字经济的理想化模式，是大数据的广泛运用并成为生产力的工具。有了大数据，数字经济才会腾飞，正如农耕时代人类发明了农耕和保护农耕的铁器。大数据的一个传统用途，就是让生产力工具有了一个质的飞跃。但是，大数据不是普通意义上的劳动替代和效率叠加，而是人类社会认识自己、改造社会的新起点。正如原始人类有了语言后，从而改变了社会组织结构和劳动分工一样，大数据终极时代必将改变人在理性的精神层面的极大需求，人们不再以财富拥有程度为健康富裕的标准，而是以拥有能驾驭和应用大数据从而实现自我人生和社会价值为光荣。人文层面将在大数据的推动下，彻底改变一个独立的人和人类组织的梦想，因为大数据的精神共享，才是实现国家愿望和个人主流价值观的万能工具。

我们相信，在数字经济高度发达的时期，基于对"大数据"无限提升经济会遇到瓶颈的认知会更加清晰，并且人类会发现拯救人类自身的并不是科学手段，也不是海量的数据，而是自我挽救，在历史和文化多重数据中吸取意识、认知及思维的营养，重塑科学的新高度，对于意识、情感、魂魄、价值观等含糊不清或者直接无法解释的东西，有一个量化的公理，不管是基于数据时代的西方科学，还是基于历史文明的"东方神话"，我们的经济金矿应该在数据的绿洲和沙漠里发掘文明的莫高窟。

第二，中国发展数字经济有着自身独特的优势和有利条件。尽管数字经济在中国发展要晚于西方主要发达国家，但数字经济在中国起步很快且发展势头良好，在多数领域我们的大数据水平开始与发达国家同台竞争，未来在更多的领域更有领先发展的巨大潜力。中国的信息化、智能化和大数据技术正广泛应用于现代经济的活动中，虽然还在探索阶段，但是人工智能已经提高了经济效率，促进了经济结构加速转变。

网民优势孕育了中国数字经济发展的巨大潜能。近几年来，中国的网民规模逐年攀升，互联网普及率稳健增长，网民大国红利开始显现。信息基础设施和信息产品迅速普及，信息技术的赋能效应逐步显现。当每一个网民的消费能力、供给能力、创新能力都能进一步提升并发挥作用，数字经济将迎来真正的春天。当前，数字经济发展已从技术创新驱动向应用创新驱动转变，中国的网民优势就显得格外重要。庞大的网民和手机用户群体，使得中国数字经济在众多领域都可以轻易在全球排名中拔得头筹。

后发优势为数字经济提供了跨越式发展的特殊机遇。信息技术创新具有跳跃式发展的特点，为中国数字经济的跨越式发展提供了机会。例如，中国的电话网铜线还没有铺设好就迎来了光纤通信时代，固定电话还没有完全普及就迎来了移动通信时代，固定宽带尚未普及就直接进入了全民移动互联网时代，2G、3G还没普及就直接上了4G。中国数字经济的发展是在工业化任务没有完成的基础上开始的，工业化尚不成熟降低了数字经济发展的路径依赖与制度锁定。但是信息技术应用正在经历跨越式发展，大数据、云计算、物联网等新的配套技术和生产方式开始得到大规模应用。为中国加速完成工业化任务、实现"弯道超车"创造了条件。数字经济的发展，使许多农村地区从农业文明一步跨入信息文明，农民的期盼也从"楼上楼下，电灯电话"变成了"屋里屋外，用上宽带"。此外，信息社会发展水平相对落后为数字经济发展预留了巨大空间。

制度优势为数字经济发展提供了强有力的保障。中国发展数字经济的制度优势在于强有力的政治保障、清晰的发展路线图和完整的政策体系。这为数字经济的发展创造了适宜的政策环境，带动整个中国经济社会向数字经济转变。2014年，中央网络安全和信息化领导小组的成立标志着中国信息化建设真正上升到了"一把手工程"，信息化领导体制得到了建立健全。

二、面对数字经济，中国该怎么办

经济决定政治，经济领域的深刻变革，必然引起政治、社会、文化各领域的对应变革。新的技术革命引发新的经济革命，数字经济在中国已经扬帆起航。面对数字经济，中国该怎么办？从国家和政府层面来讲，中国发展数字经济，将面临怎样的战略抉择？政府如何加快转型，积极应对经济社会的转型发展？这一系列问题均是数字经济时代国家和政府所要面临的重要问题，也是未来中国发展数字经济将面临的诸多挑战。

自20世纪90年代数字经济出现以来，其在经济发展中的引领和主导作用不断增强，带来比工业革命更快、更加深刻的社会变革，并且成为支撑未来经济发展的重要动力之一。因此，中国应积极顺应数字经济发展新趋势，通过深入推进国家信息化战略，加快推进国家大数据战略，以加快企业和市场的数字化基础建设；通过加强企业数字化建设、优化互联网市场环境，进一步优化数字经济发展的市场环境。数字经济时代，政府面对新时代课题，必须积极调整产业结构，以提高信息化程度；运用大数据驱动产业创新发展，推动"互联网+"产业跨界发展，加快信息技术产业和数字内容产业发展。数字经济时代，政府还面临弥合数字鸿沟的艰巨任务，具体举措为建设数字政府，实现网络全覆盖，加强信息化教育；同时还要大力倡导大众创业、万众创新。

大数据时代的到来，也为政府治理体系和能力带来了新挑战，为推动政府治理模式转型和政府治理能力现代化提供了新途径。大数据时代的政府治理，将是以"开放、分享、平等、协作"的互联网精神为底色，针对传统治理模式的"碎片化"而产生的一种全新的整体性政府治理范式。在大数据时代，政府治理需要利用先进的数据技术对海量、无序的政府业务数据和公众行为数据进行关联化，达成隐性数据向显性化、静态数据向动态化、海量数据向智能化的转化，实现政府决策、政府管理由事后决策转变为事前预警，将数据转化为政府治理能力提升的信息资源，强化政府决策力、执行力和公共服务能力。与此同时，在大数据政府治理的发展进程中，政府作为治理的主导性主体，需要在弥补大数据立法空白、搭建大数据应用平台等多方面同步开展工作，需要做好顶层设计和制度建构，把政府数据开放共享纳入法制轨道，最大限度地激发社会的创造活力，以优良的大数据政府治理环境和氛围，助推社会各行各业的创新发展，为政府治理能力的现代化奠定坚实的制度根基。

本书的策划和创作过程，就是信息技术产业人员与社会科学研究人员思想交流与碰撞的过程。双方不仅就中国数字经济发展、数字经济与政府治理关系等相关领域的前沿问题，进行了系统梳理和深刻总结，澄清了对中国数字经济发展一些模糊的认识；同时针对中国如何发展数字经济、数字经济时代政府如何转型、治理方式如何转变等前瞻性问题进行了深入探讨，力求为广大读者，特别是党政领导干部深化对数字经济及其政府治理的认识，提供较为系统的、通俗的知识，试图为数字经济时代党政干部的思维模式转换、业务能力提升提供帮助。

第二节 发展数字经济的特殊意义

数字经济的迅猛发展深刻地改变了人们生活、工作和学习的方式，并在传统媒体、商务、公共关系、电影电视、出版、娱乐等众多领域引发了深刻变革。发展数字经济正成为信息时代的最强音，对中国而言更具有特殊意义。

一、全球经历数字经济变革

以计算机、网络和通信等为代表的现代信息革命催生了数字经济。数字经济似乎并没有产生任何有形产品，但它可以辅助设计、跟踪库存、完成销售、执行信贷、控制设备、设计计算、计费客户、导航飞机、远程诊治等。

（一）数字经济加速了经济全球化的步伐

数字经济促进人类社会发生一场划时代的全球性变革，推动人类更深层次跨入经济全球化时代。比如，数字网络的发展以及"赛博空间"的出现，全球化不再局限于商品和生产要素跨越国界流动，而是从时空角度改变世界市场和国际分工的格局；经济数字化拓展了贸易空间，缩短了贸易的距离和时间，全球贸易规模远远超越了以往任何一个时期；凭借数字网络技术的支持，跨国公司远程管理成本大幅度下降，企业活动范围更加全球化。美国《财富》杂志在分析全球最大500家跨国公司排名变化后认为："全球化色彩越浓，大公司利润越高。""一个更大、更富裕的世界"将随着全球化大发展而出现。因此，数字经济加速了信息、商品与要素的全球流动，推动了经济全球化进入一个新的发展阶段。

（二）数字经济软化了全球产业结构

数字经济时代，数字网络技术的创新及广泛应用推动了全球产业结构进一步知识化、高科技化，知识和技术等"软要素"正在取代资本和劳动力成为决定产业结构竞争力的重要因素。全球产业结构软化趋势愈加明显。一是出现知识驱动的经济发展模式。新一代信息技术蓬勃发展，跨国ICT（信息通信技术）企业加速市场扩张与产品创新步伐，世界各国都在大力发展信息技术产业，实现知识驱动的经济发展模式。二是传统产业加强与信息产业的联系。由于计算机与数字技术带来了高效的生产效率，传统产业不断加强与信息产业的前向联系和后向联系，以便拥有更强的产业竞争力和创造更高的产业附加值。三是新型服务业方兴未艾。信息技术的普及和创新，使得计算机和软件服务、互联网信息服务等新兴服务业迅速崛起，电子商务、网络金融、远程学习等新型服务业方兴未艾，知识化、信息化、智能化正在成为全球服务业未来发展的新方向。

（三）新的数字技术助推了数字经济以及社会发展

移动、云计算、社交网络、传感器网络和大数据分析是当今数字经济中最重要的技术趋势之一。总的来说就是"智能一切"，即网络和数字化连接家庭、医疗保健、交通、业务流程和能源，甚至政府管理和社会治理。这些新应用依赖于固定和无线宽带网络，以及"互联网＋连接"的设备，满足不断增长的经济和社会需求。例如，在经济合作组织国家，家庭智能设备预计将从2013年的17亿美元增加到2022年的140亿美元。收集的数据将以M2M（machine-to-machine机器对机器）方式实现大规模处理数据的"云计算"服务，搜集、处理和分析海量数据，这一方式改变了信息处理的时间量级，被称为"大数据"技术。这些现象共同构成了"智能网络的构建模块"，带动了社会的整体发展。

二、数字经济成为新常态下中国经济发展的新动能

数字经济代表着新生产力的发展方向，对中国而言具有特殊意义。互联网、云计算、大数据等数字经济本身就是新常态下供给侧结构性改革要培育和发展的主攻方向。数字化将发掘新的生产要素和经济增长点，加速传统行业转型。

（一）新常态需要新动能

中国经济在经历了40多年的高速增长之后，开始进入一个增速放缓、结构升级、动力转换的新阶段，这一阶段也被称为经济发展新常态。认识、适应和引领新常态已被确定为指导中国经济发展的大逻辑。新常态下经济发展面临的最大风险是掉入"中等收入陷阱"，而找准并利用好新动能就成为经济转型发展、跨越中等收入陷阱的关键。

（二）信息革命带来了大机遇

经济发展的新动能在哪里？本来这是一个大难题，曾让很多国家困扰了很多年。但现在不同了，因为人类经历了农业革命、工业革命后，现在正在经历信息革命——正是信息革命为中国顺利跨越中等收入陷阱提供了前所未有的历史性机遇。从社会发展史来看，每一次产业技术革命都会带来社会生产力的大飞跃。农业革命增强了人类生存能力，使人类从采食捕猎走向栽种畜养，从野蛮时代走向文明社会。工业革命拓展了人类体力，大规模工厂化生产取代了工厂手工生产，工业经济彻底改变了生产能力不足、产品供给不足的局面。而信息革命则增强了人类脑力，数字化工具、数字化生产、数字化产品成就了数字经济，也促成了数字化的生存与发展。以数字化、网络化、智能化为特征的信息革命催生了数字经济，也为经济发展提供了新动能。

（三）数字经济的动能正在释放

数字经济不仅有助于解放旧的生产力，更重要的是能够创造新的生产力。数字技术正广泛应用于现代经济活动中，提高了经济效率，促进了经济结构加速转变，正在成为全球经济复苏的重要驱动力。自2008年以来，云计算、物联网、移动互联网、大数据、

智能机器人、3D 打印、无人驾驶、虚拟现实等信息技术及其创新应用层出不穷、日新月异，并不断催生一大批新产业、新业态、新模式。更为重要的是，这一变化才刚刚开始。凯文·凯利一直在提醒我们，真正的变化还没有到来，真正伟大的产品还没有出现，"今天才是第一天"。甚至也有专家断言，人类现在的信息处理能力还只是相当于工业革命的蒸汽机时代。

（四）发展数字经济成为中国的战略选择

面对数字经济发展的大潮，许多国家都提出了自己的发展战略，如美国的工业互联网、德国的工业 4.0、日本的新机器人战略、欧盟和英国等的数字经济战略等。中国即将步入后工业化阶段，各区域都期望抓住数字新经济兴起的契机。中国政府立足于本国国情和发展阶段，正在实施"网络强国"战略，推进"数字中国"建设，大力推行"十四五"规划中有关数字经济发展战略。

三、数字经济是引领国家创新战略实施的重要力量

发展数字经济对中国的转型发展，以及实现中华民族伟大复兴的中国梦具有重要的现实意义和特别推动作用，对贯彻落实新的发展理念、培育新经济增长点、以创新驱动推进供给侧改革、建设网络强国、构建信息时代国家新优势等都会产生深远影响。

（一）发展数字经济是贯彻新发展理念的集中体现

数字经济本身就是新技术革命的产物，是一种新的经济形态、新的资源配置方式和新的发展理念，集中体现了创新的内在要求。中国发展数字经济，是贯彻"创新、协调、绿色、开放、共享"新发展理念的集中体现。这是因为，数字经济减少了信息流动障碍，加速了资源要素流动，提高了供需匹配效率，有助于实现经济与社会、物质与精神、城乡之间、区域之间的协调发展。数字经济能够极大地提升资源的利用率，是绿色发展的最佳体现。数字经济的最大特点就是基于互联网，而互联网的特性就是开放共享。数字经济也为落后地区、低收入人群创造了更多参与经济活动、共享发展成果的机会。

（二）发展数字经济是推进供给侧结构性改革的重要抓手

以新一代信息技术与制造技术深度融合为特征的智能制造模式，正在引发新一轮制造业变革，数字化、虚拟化、智能化技术将贯穿产品的全生命周期，柔性化、网络化、个性化生产将成为制造模式的新趋势，全球化、服务化、平台化将成为产业组织的新方式。数字经济也在引领农业现代化，数字农业、智慧农业等农业发展新模式，就是数字经济在农业领域的实现与应用。在服务业领域，数字经济的影响与作用已经得到了较好的体现，电子商务、互联网金融、网络教育、远程医疗、网约车、在线娱乐等已经使人们的生产生活发生了极大的改变。

（三）贯彻落实创新驱动发展战略，推动"大众创业、万众创新"的最佳试验场

现阶段，数字经济最能体现信息技术创新、商业模式创新以及制度创新的要求。数字经济的发展孕育了一大批极具发展潜力的互联网企业，成为激发创新创业的驱动力量。众创、众包、众扶、众筹等分享经济模式本身就是数字经济的重要组成部分。

（四）数字经济是构建信息时代国家竞争新优势的重要先导力量

数字经济的发展在信息革命引发的世界经济版图重构过程中，起着至关重要的作用。信息时代的核心竞争能力将越来越表现为一个国家和地区的数字能力、信息能力、网络能力。实践表明，中国发展数字经济有着自身独特的优势和有利条件，起步很快，势头良好，在多数领域开始形成与先行国家同台竞争、同步领跑的局面，未来在更多的领域存在领先发展的巨大潜力。

第三节 发展数字经济具有的优势

中国数字经济的不俗表现得益于全球信息革命提供的历史性机遇，得益于新常态下寻求经济增长新动能的强大内生动力，更得益于自身拥有的独特优势。中国发展数字经济的独特优势突出表现在以下三个方面：网民优势、后发优势和制度优势。

一、网民优势孕育了中国数字经济的巨大潜能

就像中国经济社会快速发展一样，中国的网民规模和信息技术发展速度也令人目眩。这促进了世界上最生机勃勃的数字经济的发展。

（一）网民大国红利日渐显现，使得数字经济体量巨大

近几年来，中国人口发展出现了拐点，即劳动力人口连续下降，人口老龄化程度加深，使得支持中国经济发展的"人口红利"在逐渐丧失。但是，中国的网民规模却逐年攀升，互联网普及率稳健增长，网民大国红利开始显现。2008年中国成为名副其实的第一网民大国。正是有了如此庞大的网民数量，才造就了中国数字经济的巨大体量和发展潜力。这就不难理解，为什么一个基于互联网的应用很快就能达到上千万、上亿甚至数亿人的用户规模，为什么只有几个人的互联网企业短短几年就可以成为耀眼的"独角兽"企业，甚至在全球达到领先水平。中国互联网企业在全球的出色表现，表明中国已经成功实现从人口红利向网民红利的转变。

（二）信息技术赋能效应显现，使得数字经济空间无限

近年来，信息基础设施和信息产品迅速普及，信息技术的赋能效应逐步显现，为数

字经济带来了无限创新空间。以互联网为基础的数字经济，解决了信息不对称的问题，边远地区的人们和弱势群体通过互联网、电子商务就可以了解市场信息，学习新技术、新知识，实现创新创业，获得全新的上升通道。基于互联网的分享经济还可以将海量的碎片化闲置资源（如土地、房屋、产品、劳力、知识、时间、设备、生产能力等）整合起来，满足多样化、个性化的社会需求，使全社会的资源配置能力和效率都得到大幅提升。当每一个网民的消费能力、供给能力、创新能力都进一步提升并发挥作用，数字经济将迎来真正的春天。

（三）应用创新驱动，使得网民优势有效发挥

当前，数字经济发展已从技术创新驱动向应用创新驱动转变，中国的网民优势就显得格外重要。庞大的网民和手机用户群体，使得中国数字经济在众多领域都可以轻易在全球排名中拔得头筹。如2015年滴滴出行全平台（出租车、专车、快车、顺风车、代驾、巴士、试驾、企业版）订单总量达到14.3亿，这一数字相当于美国2015年所有出租车订单量的近两倍，也超越了已成立6年的Uber实现的累计10亿的订单数。百度、阿里巴巴、腾讯、京东跻身全球互联网企业市值排行榜前10位，有足够的经验供互联网创业公司借鉴。小猪短租、名医主刀等一批分享型企业也在迅速崛起，领先企业的成功为数字经济全面发展提供了强大的示范效应。

二、后发优势为数字经济提供了跨越式发展的特殊机遇

信息技术创新具有跳跃式发展的特点，为中国数字经济的跨越式发展提供了机会。

（一）信息基础设施建设实现了跨越式发展

中国的电话网铜线还没有铺设好就迎来了光纤通信时代，固定电话还没有完全普及就迎来了移动通信时代，固定宽带尚未普及就直接进入了全民移动互联网时代，2G、3G还没普及就直接上了4G。目前，中国信息基础设施基本建成。一是建成了全球最大规模的宽带通信网络。截至2016年6月，我国固定宽带接入数量达4.7亿，覆盖全国所有城市、乡镇以及95%的行政村。二是网络能力得到持续提升。全光网城市由点及面全面推开，城市家庭基本实现了100M光纤全覆盖。

（二）信息技术应用正在经历跨越式发展

中国数字经济的发展是在工业化任务没有完成的基础上开始的，工业化尚不成熟降低了数字经济发展的路径依赖与制度锁定。工业化积累的矛盾和问题要用工业化的办法去解决，这十分困难也费时较长，但有了信息革命和数字经济就不一样了。工业化的诸多痛点遇到数字经济就有了药到病除的妙方，甚至可以点石成金、化腐朽为神奇。中国的网络购物、P2P金融、网络约租车、分享式医疗等很多领域能够实现快速发展，甚至领先于许多发达国家，在很大程度上也是由于这些领域的工业化任务还没有完成，矛盾突出、痛点多，

迫切需要数字经济发展提供新的解决方案。在制造业领域，工业机器人、3D 打印机等新装备、新技术在以长三角、珠三角等为主的中国制造业核心区域的应用明显加快，大数据、云计算、物联网等新的配套技术和生产方式开始得到大规模应用。多数企业还没有达到工业 2.0、工业 3.0 水平就迎来了以智能制造为核心的工业 4.0 时代。可以说，数字经济为中国加速完成工业化任务、实现"弯道超车"创造了条件。经过多年的努力，中国在芯片设计、移动通信、高性能计算等领域取得了重大突破，部分领域全球领先。2015 年，华为国际专利申请量 3898 件，位列全球企业之首。涌现了一批国际领先企业，华为、联想、中兴、腾讯、阿里巴巴、百度等企业在全球地位稳步提高。

（三）农村现代化跨越式发展趋势明显

仅仅因为有了互联网，许许多多原本落后的农村彻底改变了面貌。仅以"淘宝村"为例，2009 年，全国农民网商比例超过 10%、年网络销售额 1000 万元以上的行政村只有 3 个，到 2015 年已经发展到 780 个，分布在 17 个省份。农村电商的快速发展和"淘宝村"的崛起，吸引了大量的农民和大学生返乡创业，人口的回流与聚集也在拉动农村生活服务水平的提升和改善，释放的数字红利也为当地发展提供了内生动力。现在，网购网销在越来越多的农村地区成为家常便饭，网上学习、手机订票、远程医疗服务纷至沓来，农民们开始享受到前所未有的实惠和便利。正是因为有了数字经济的发展，许多农村地区从农业文明一步跨入信息文明，农民的期盼也从"楼上楼下，电灯电话"变成了"屋里屋外，用上宽带"。

（四）信息社会发展水平相对落后，为数字经济发展预留了巨大空间

信息社会发展转型期也是信息技术产品及其创新应用的加速扩张期，为数字经济大发展预留了广阔的空间。目前，中国电脑普及率、网民普及率、宽带普及率、智能手机普及率、人均上网时长等都还处于全球中位水平，发展空间巨大，未来几年仍将保持较快增长。以互联网普及为例，每年增加 4000 万以上的网民，就足以带来数字经济的大幅度提升。

三、制度优势为数字经济发展提供了强有力保障

中国发展数字经济的制度优势在于强有力的政治保障、战略规划、政策体系、统筹协调和组织动员。这为数字经济的发展创造了适宜的政策环境，带动整个中国经济社会向数字经济转变。

（一）组织领导体系基本健全为数字经济发展提供了政治保障

2014 年，中央网络安全和信息化领导小组的成立，标志着中国信息化建设真正上升到了"一把手工程"，信息化领导体制也随之基本健全。建设网络强国、发展数字经济已形成全国共识。各级政府部门和领导对信息化的高度重视，为数字经济的发展提供了重要的政治保障。

（二）信息化引领现代化的战略决策提供了明晰的路线图

2016年7月发布的《国家信息化发展战略纲要》，提出了从现在起到21世纪中叶中国信息化发展的三步走战略目标，明确了在提升能力、提高水平、完善环境方面的三大类56项重点任务。确切地说，国家信息化发展战略决策为数字经济发展提供了明晰的路线图。

（三）制定形成了较为完整的政策体系

在过去两年多的时间里，中国围绕信息化和数字经济发展密集出台了一系列政策文件，包括"互联网+"行动、宽带中国、中国制造2025、大数据战略、信息消费、电子商务、智慧城市、创新发展战略等。各部门、各地区也纷纷制订出台了相应的行动计划和保障政策。中国信息化政策体系在全球也可以称得上是最健全的，也体现出国家对发展数字经济的决心之大、信心之足和期望之高。更为重要的是，中国制度优势有利于凝聚全国共识，使政策迅速落地生根，形成自上而下与自下而上推动数字经济发展的大国合力。

第四节 数字经济是引领创新战略的重要力量

中国数字经济已经扬帆起航，正在引领经济增长从低起点高速追赶走向高水平稳健超越，供给结构从中低端增量扩能走向中高端供给优化，动力引擎从密集的要素投入走向持续的创新驱动，技术产业从模仿式跟跑并跑走向自主型并跑领跑全面转型，为最终实现经济发展方式的根本性转变提供了强大的引擎。

一、高速泛在的信息基础设施基本形成

无时不在、无处不在的电脑网络是支撑数字经济的关键。目前中国无论是宽带用户规模、固定宽带网速，还是网络能力等信息基础设施基本形成，达到了连接网络的普及、服务享受的普及等。

（一）宽带用户规模全球第一

截至2016年第一季度，我国固定宽带网络延伸至全国所有乡镇和95%的行政村，基础电信企业宽带用户合计达到2.7亿户，加上广电网络公司发展的2000万宽带用户，以及民营企业超过千万宽带用户，全国宽带用户合计超过3亿户，人口普及率超过22%，快速逼近发达国家平均27%的普及水平。4G网络覆盖全国城市和主要乡镇，用户近5.3亿，占全球1/3。宽带发展联盟的报告称，截至2016年第二季度，中国固定宽带家庭普及率达到56.6%，移动宽带（主要指3G和4G）用户普及率达到63.8%。

（二）网络能力得到持续提升

全光网城市由点及面全面推开，城市家庭基本实现100Mbit/s光纤全覆盖。光纤宽带

全球领先,光纤到户(FTTH)用户占比达到63%,仅次于日、韩,位列第三。部分重点城市已规模部署4G+技术,载波聚合、VoLTE(运营商基于4G网络,通过IP传输技术,实现数据、语音、视频及短/彩信业务的统一承载)商用步伐全面提速。骨干网架构进一步优化,网间疏导能力和用户体验大幅提升。

(三)固定宽带实际下载速率迈入10 Mbit/s时代

网络提速效果显著。2016年第二季度,中国固定宽带网络平均下载速率达到10.47Mbit/s,突破10Mbit/s大关。全国有16个省级行政区域的平均下载速率已率先超过10Mbit/s,其中上海和北京已超过12Mbit/s。中国的宽带网速已经迎来"10M时代"。另外,OpenSignal发布的全球移动网络报告称,中国的LTE(一般指长期演进技术)网络速度达到14Mbps,超过美国、日本等发达国家,全球排名第31位。

(四)网民规模与日俱增

截至2016年6月底,中国网民规模达7亿,新增网民2132万人,增长率3.1%;互联网普及率达到51.7%,比2015年底提高1.3个百分点,超过全球平均水平3.1个百分点;上网终端逐渐多样化,全国手机用户数超过13亿户,手机移动端上网比例高达90%。

二、数字经济成为国家经济发展的重要引擎

迄今为止,关于数字经济规模及其对GDP的贡献并没有可信的统计资料,但国内外都有机构做了一些研究性测算,对于数字经济成为经济增长重要引擎给出了一致性判断。

2012年,美国波士顿咨询集团发布的《G20国家互联网经济》称,2010年G20国家的互联网经济占GDP的比重为4.1%,到2016年将占GDP的5.3%,互联网经济对中国GDP的贡献将从2010年的5.5%提高到2016年的6.9%,在G20国家中仅次于英国和韩国。

2014年,美国麦肯锡咨询公司发布的《中国数字化的转型:互联网对生产力及增长的影响》称,中国的互联网经济占GDP的比重由2010年的3.3%上升至2013年的4.4%,高于一些发达国家,已经达到全球领先水平。

中国信息化百人会2016年出版的《信息经济崛起:区域发展模式、路径与动力》一书指出,中国信息经济总量与增速呈现"双高"态势。1996—2014年中国信息经济年均增速高达23.79%,是同期GDP年均增速的1.84倍,在中国经济进入新常态的大背景下,信息经济正在成为国家经济稳定增长的主要引擎。2014年总体规模已达到2.73万亿美元,占GDP比重为26.34%,对于GDP增长的贡献率高达58.35%。目前,中国数字经济正在逐渐成为国家经济稳定增长的主要动力。据2016年统计数据显示,中国数字经济规模达到22.4万亿元,占GDP比重达到30.1%,已经超过日本和英国之和,成为全球第二大数字经济体。凭借后发优势,我国数字经济的增速分别是美国(6.8%)、日本(5.5%)和英国(5.4%)的2.4倍、3倍和3.1倍,未来中国在全球数字经济中的比重将进一步提升。目前,数字经济已逐渐成为中国宏观经济的组成部分。自2008年以来,中国数字经济的比重迅

速提升，2016年占GDP比重达30.1%，增速高达16.6%。数字经济已成为近年来带动经济增长的重要动力。

三、数字经济在生产生活各个领域全面渗透

针对当前的经济结构调整和产业转型升级趋势，中国数字经济也发挥着积极的推动作用。目前，工业云服务、大企业双创、企业互联网化、智能制造等领域的新模式、新业态正不断涌现。

（一）数字经济正在引领传统产业转型升级

2015年7月，国务院发布的《关于积极推进"互联网+"行动的指导意见》，明确了"互联网+"的11个重点行动领域：创业创新、协同制造、现代农业、智慧能源、普惠金融、益民服务、高效物流、电子商务、便捷交通、绿色生态、人工智能。数字经济引领传统产业转型升级的步伐开始加快。根据中国信息化百人会发布的《2017中国数字经济发展报告》的统计数据显示，我国数字化研发设计工具普及率达61.8%，智能制造就绪率上升至5.1%，服务化转型步伐持续加快。以制造业为例，工业机器人、3D打印机等新装备、新技术在以长三角、珠三角等为主的中国制造业核心区域的应用明显加快，大数据、云计算、物联网等新的配套技术和生产方式开始得到大规模应用，海尔集团、沈阳机床、青岛红领等在智能制造上的探索已初有成果，华为、三一重工、中国南车等中国制造以领先技术和全球视野打造国际品牌，已稳步进入全球产业链的中高端。

（二）数字经济开始融入城乡居民生活

网络环境的逐步完善和手机上网的迅速普及，使得移动互联网应用的需求不断被激发。2015年，基础应用、商务交易、网络金融、网络娱乐、公共服务等个人应用发展日益丰富，其中手机网上支付增长尤为迅速。截至2015年12月，手机网上支付用户规模达到3.58亿，增长率为64.5%，网民使用手机网上支付的比例由2014年底的39.0%提升至57.7%，网上支付场景不断丰富，大众线上理财习惯逐步养成。各类互联网公共服务类应用均实现了用户规模增长，2015年共计有1.10亿网民通过互联网实现在线教育，1.52亿网民使用网络医疗，9664万人使用网络预约出租车。互联网的普惠、便捷、共享等特性，已经渗透到公共服务领域，也为加快提升公共服务水平、有效促进民生改善与社会和谐提供了有力保障。

（三）数字经济正在变革治理体系

数字经济带来的新产业、新业态、新模式，使得传统监管制度与产业政策遗留的老问题更加突出，发展过程中出现的新问题更加不容忽视。数字经济发展，促进了政府部门加快改革不适应实践发展要求的市场监管、产业政策，如推动放管服改革、完善商事制度、降低准入门槛、建立市场清单制度、健全事中事后监管、建立"一号一窗一网"公共服务

机制，为数字经济发展营造良好的环境。另外，数字经济发展也在倒逼监管体系的创新与完善，如制定网约车新政、加快推进电子商务立法、规范互联网金融发展、推动社会信用管理等。当然，数字经济也为政府运用大数据、云计算等信息技术提升政府监管水平与服务能力创造了条件和工具。

四、数字经济推动新业态与新模式不断涌现

中国数字经济的后发优势强劲，快速发展的互联网和正在转型升级的传统产业相结合，将会迸发出巨大的发展潜力，也会推动新业态与新模式不断涌现。

（一）中国在多个领域已加入全球数字经济领跑者行列

近年来，中国在电子商务、电子信息产品制造等诸多领域取得"单打冠军"的突出成绩，一批信息技术企业和互联网企业进入世界前列。腾讯、阿里巴巴、百度、蚂蚁金服、小米、京东、滴滴出行7家企业位居全球互联网企业20强。中国按需交通服务已成全球领导者，年化按需交通服务次数达40亿次以上，在全球市场所占份额为70%。

（二）中国分享经济正在成为全球数字经济发展的排头兵

近年来，中国分享经济快速成长，创新创业蓬勃兴起，本土企业创新凸显，各领域发展动力强劲，具有很大的发展潜力。国家信息中心发布的《中国分享经济发展报告2016》显示，2015年中国分享经济市场规模约为19560亿元（其中交易额18100亿元、融资额1460亿元），主要集中在金融、生活服务、交通出行、生产能力、知识技能、房屋短租六大领域。分享经济领域参与提供服务者约5000万人（其中平台型企业员工数约500万人），约占劳动人口总数的5.5%，参与分享经济活动的总人数已经超过5亿人。

（三）中国电子商务继续保持快速发展的良好势头

《中国电子商务报告2015》显示，2015年全社会电子商务交易额达到20.8万亿元，同比增长约27%；网络零售额达3.88万亿元，同比增长33.3%。其中实物商品网络零售额占社会消费品零售总额的10.8%；B2B交易额为17.09万亿元，占全部电子商务交易额的78.4%，同比增长33.0%；跨境电子商务继续呈现逆势增长态势，全年交易总额达4.56万亿元，同比增长21.7%；农村网购交易额达3530亿元，同比增长96%，其中农产品网络零售额1505亿元，同比增长超过50%。联合国旗下机构"Better Than Cash Alliance"（优于现金联盟）日前发布报告称，在支付宝和微信支付的推动下，2016年中国社交网络支付（支付宝和微信）市场规模达到了2.9万亿美元，在过去4年中增长了20倍。报告指出，基于现有平台和网络的数字支付方式，不仅让人们享受到了更广泛的数字金融服务，也扩大了中国和周边国家的金融普惠和经济发展机会。

（四）互联网金融进入规范发展的新时期

中国分享经济在网贷领域依然处于高度增长期，领先企业仍保持100%以上的增长。

搜易贷成立于 2014 年 9 月，在 2015 年实现营收 65 亿元；京东众筹于 2014 年 7 月上线，截至 2015 年 12 月总筹资额已突破 13 亿元，其中百万级项目超过 200 个，千万级项目已有 20 个。互联网金融研究机构"网贷之家"发布的数据显示，截至 2016 年 6 月底，中国 P2P（个人网络借贷）行业累计成交量达到了 2.21 万亿元，其中 2016 年上半年累计成交量为 8422.85 亿元，预计全年累计交易量或将突破 3 万亿元。

五、中国数字经济未来的发展

未来，中国信息基础设施体系将更加完善，数字经济将全方位影响经济社会发展，数字经济市场将逐渐从新兴走向成熟，创新和精细化运营成为新方向，数字经济总量仍将保持较快的发展。

（一）国家信息基础设施体系将更加完善

《国家信息化发展战略纲要》提出，到 2025 年，新一代信息通信技术得到及时应用，固定宽带家庭普及率接近国际先进水平，建成国际领先的移动通信网络，实现宽带网络无缝覆盖，互联网国际出口带宽达到每秒 48 太比特（Tbps），建成四大国际信息通道，连接太平洋、中东欧、西非北非、东南亚、中亚、印巴缅俄等国家和地区。到 21 世纪中叶，泛在先进的信息基础设施为数字经济发展奠定了坚实的基础，陆地、海洋、天空、太空立体覆盖的国家信息基础设施体系基本完善，人们通过网络可以了解世界，掌握信息，摆脱贫困，改善生活，享有幸福。

（二）经济发展的数字化转型成为重点

以信息技术为代表的技术群体性突破是构建现代技术产业体系、引领经济数字化转型的动力源泉，先进的信息生产力将推动我国经济向形态更高级、分工更优化、结构更合理的数字经济阶段演进。按照国家信息化发展战略要求，到 2025 年，根本改变核心关键技术受制于人的局面，形成安全可控的信息技术产业体系，涌现一批具有强大国际竞争力的数字经济企业与产业集群，数字经济进一步发展壮大，数字经济与传统产业深度融合；信息消费总额达到 12 万亿元，电子商务交易规模达到 67 万亿元；制造业整体素质大幅提升，创新能力显著增强，工业化与信息化融合迈上新台阶；信息化改造传统农业取得重大突破，大部分地区基本实现农业现代化。预计到 2025 年，中国互联网将促进劳动生产率提升 7%~22%，对 GDP 增长的贡献率将达到 3.2%~11.4%，平均为 7.3%。到 21 世纪中叶，国家信息优势越来越突出，数字红利得到充分释放，经济发展方式顺利完成数字化转型，先进的信息生产力基本形成，数字经济成为主要的经济形态。

（三）分享经济将成为数字经济的最大亮点

经历了萌芽、起步与快速成长，分享经济即将进入全面创新发展的新时期，成为数字经济最大的亮点。据国家信息中心预测，未来 5 年中国分享经济年均增长速度在 40% 左右，未来 10 年中国分享经济领域有望出现 5~10 家巨无霸平台型企业。

（四）数字经济总量仍将保持较快的发展

全球主要国家表现出数字经济增速高于同期本国 GDP 增速的共同特征，如 2016 年美国数字经济增速高达 6.8%，同期 GDP 增速 1.6%；日本数字经济增速 5.5%，高于同期 GDP 增速 0.9%；英国数字经济增速 5.4%，高于同期 2% 的 GDP 增速，未来，中国数字经济总量仍将保持较快的发展，在全球数字经济中的比重会进一步提升。未来几年，数字经济在推动中国经济社会发展、构建全球竞争新优势方面发挥的作用将更加凸显。

自 20 纪 90 代数字经济出现以来，其在经济发展中的引领和主导作用不断增强，带来比工业革命更快、更加深刻的社会变革，并且成为支撑未来经济发展的重要动力之一。因此，中国应积极顺应数字经济发展新趋势，通过深入推进国家信息化战略，加快推进国家大数据战略，以加快企业和市场的数字化基础建设；通过加强企业数字化建设、优化互联网市场环境，进一步优化数字经济发展的市场环境。数字经济时代，政府面对新时代课题，必须积极调整产业结构，以提高信息化程度。运用大数据驱动产业创新发展，推动"互联网+"产业跨界发展，加快信息技术产业和数字内容产业发展。数字经济时代，政府还面临弥合数字鸿沟的艰巨任务，具体举措为建设数字政府，实现网络全覆盖，加强信息化教育，同时还要大力倡导大众创业、万众创新。

第二章 数字经济的战略抉择

数字经济的出现，孕育了新的消费模式，推动全球产业整合与升级，催生出新的生产模式。世界经济进入新的历史时期。我国应该积极完善与数字经济相匹配的企业经营模式和市场环境，选择新的战略，加快企业和市场的数字化创新步伐，建设服务型数字政府，平衡数字资源，提升数字经济国际竞争力。

第一节 基础建设：加快企业和市场的数字化创新步伐

中国推动数字经济发展，首先要解决的问题是如何从国家和政府层面采取积极的战略行动保障数字经济加快发展。

一、加快企业和市场的数字化基础建设

因为信息化是数字经济发展的基础，大数据是数字经济发展的新平台、新手段和新途径，所以深入推进国家信息化战略和国家大数据战略，是加快数字经济时代企业和市场数字化基础建设的前提，是从国家和政府层面解决数字经济发展"最先一公里"的问题。

（一）深入推进国家信息化战略

当今世界，信息技术创新日新月异，以数字化、网络化、智能化为特征的信息化浪潮蓬勃兴起。全球信息化进入全面渗透、跨界融合、加速创新、引领发展的新阶段。谁在信息化上占据制高点，谁就能够掌握先机，赢得优势，赢得安全，赢得未来。

1. 信息化与数字经济的关系

早在20世纪90年代，数字经济的提法就已经出现。被称为"数字经济之父"的美国经济学家唐·塔斯考特在20世纪90年代中期出版了一本名为《数字经济：网络智能时代的前景与风险》的著作，数字经济的概念进入理论界和学术界的研究视野。继而，曼纽尔·卡斯特的《信息时代三部曲：经济、社会与文化》、尼葛洛庞帝的《数字化生存》等著作相继出版，数字经济的提法在全世界流行开来。此后，西方许多国家开始关注和推进数字经济发展，特别是美国以发展数字经济为口号大力推动信息产业发展，并缔造了20世纪末美国的新经济神话。美国的信息产业1990—2000年平均增长率达到6.47%，是其GDP（国内生产总值）增速的2倍；大量资金投入互联网企业，纳斯达克指数最高飙升到5000多点。

但是，到了2001年，美国的新经济神话被破灭，互联网企业纷纷倒闭关门。美国新经济神话的破灭使数字经济发展经历了短暂的低潮，也引起了学界许多学者对数字经济发展的质疑。

2004年以后，云计算、物联网等信息技术的出现，又将数字经济推向了新一次高峰。2008年国际金融危机波及全球经济，并重创传统金融行业。国外苹果、脸谱、谷歌、微软、亚马逊等数字公司基本上毫发无损。国内阿里巴巴、百度、腾讯等数字企业受影响也不大，为我国经济稳定增长做出了贡献。同时，大数据、人工智能、虚拟现实、区块链等技术的兴起为人们带来了希望，世界各国不约而同地将这些新的信息技术作为未来发展的战略重点。今天，数字经济引领创新发展，为经济增长注入新动力已经成为普遍共识。

通过数字经济的发展历程来看，数字经济可以泛指以网络信息技术为重要内容的经济活动。因此，从某种意义来讲，数字经济也可以通俗理解为网络经济或信息经济。

现代信息技术日益广泛的应用，推动了数字经济浪潮汹涌而至，成为带动传统经济转型升级的重要途径和驱动力量。根据数字经济的内涵和定义分析，信息化为数字经济发展提供了必需的生产要素、平台载体和技术手段等重要条件。换言之，信息化是数字经济发展中的基础。信息化解决信息的到达（网络）和计算能力的廉价（云计算）及到达和计算能力的可靠性、安全性保障。具体表现为信息化对企业具有极大的战略意义和价值，能使企业在竞争中胜出，同时企业信息化的积极性最高，因此在信息化中企业占据主导地位。如近几年出现的云计算、人工智能、虚拟现实等信息化建设，均以企业为主体，主要是由于在信息社会，信息本身就是重要商品，人们大量地消费信息。数字经济的特点之一就是信息成为普遍的商品，主要任务是跨过从信息资源到信息应用的鸿沟。信息化是个人成长和需求发布和沟通的重要通道，是社会公平和教育普惠的基础，信息化使个人拥有极大空间。这是因为按需生产是数字经济的一个重要特征，而要做到按照需求合理地供给，必须靠信息。信息化是提升政府工作效率的有效手段，是连接社会的纽带。政府是信息化的使用者，同时由于信息化的复杂性，政府需要对信息化加强引导和监管。

2. 加快推进国家信息化战略

2017年，十二届全国人大五次会议首次将"数字经济"写入政府工作报告，并强调促进数字经济加快成长，让企业广泛受益、群众普遍受惠。衡量数字经济发展水平的主要标志是人均信息消费水平。我国尚处于信息社会的初级阶段，年人均信息消费（包括信息技术消费和通信技术消费）只有300美元左右，不到美国的1/10。因此，未来一段时期内，我国要加快数字经济发展，培育经济新增长点，必须加快推进国家信息化战略。按照《国家信息化发展战略纲要》要求，围绕"五位一体"总体布局和"四个全面"战略布局，牢固树立创新、协调、绿色、开放、共享的新发展理念，贯彻以人民为中心的发展思想，以信息化驱动现代化为主线，以建设网络强国为目标，着力增强国家信息化发展能力，着力提高信息化应用水平，着力优化信息化发展环境，让信息化造福社会、造福人民，为实现中华民族伟大复兴的中国梦奠定坚实基础；按照《国家信息化发展战略纲要》要求，制定好国家信息化战略的时间表和路线图。

3. 先行先试：加快国家信息经济示范区建设

2016年11月，中央网信办、国家发改委共同批复同意浙江省设立国家信息经济示范区。浙江省国家信息经济示范区建设将着力加强深化供给侧结构性改革，落实G20杭州峰会数字经济发展与合作倡议成果，着力探索适合信息经济创新发展的新体制、新机制和新模式，以信息化培育新动能，用新动能推动新发展，要着力打造各具特色的试点城市；以世界互联网大会永久会址为载体，创建乌镇互联网创新发展试验区，努力推动浙江在"互联网+"、大数据产业发展、新型智慧城市、跨境电子商务、分享经济、基础设施智能化转型、信息化与工业化深度融合、促进新型企业家成长等方面走在全国前列，创造可复制、可推广的经验。浙江将在三个方面开展示范：一是打造经济发展新引擎，在制造业与互联网的深度融合、社会发展的深度应用、政府服务与管理的深度应用上开展示范；二是培育创新驱动发展新动能，突破信息经济核心关键技术，推进科技成果转化与应用，大力实施开放式创新；三是推进体制机制创新，重点在信息基础设施共建共享、互联网的区域开放应用和管控体系、公共数据资源开放共享、推动"互联网+"新业态发展、政府管理与服务等方面进行探索创新，以此持续释放信息经济发展红利。

（二）加快推进国家大数据战略

云计算、大数据、移动互联网、物联网和人工智能的出现，推动了第二次信息革命——数据革命，进入数字经济2.0时代。此时期，大数据的迅速发展起到了更为关键的作用。

信息技术与经济社会的交汇融合引发了数据迅猛增长，数据已成为国家基础性战略资源，大数据正日益对全球生产、流通、分配、消费活动以及经济运行机制、社会生活方式和国家治理能力产生重要影响。尽管我国在大数据发展和应用方面已具备一定基础，拥有市场优势和发展潜力，但也存在政府数据开放共享不足、产业基础薄弱、缺乏顶层设计和统筹规划、法律法规建设滞后、创新应用领域不广等问题，亟待解决。

1. 大数据发展形势及重要意义

目前，我国互联网、移动互联网用户规模居全球第一，拥有丰富的数据资源和应用市场优势，大数据部分关键技术研发取得突破，涌现出一批互联网创新企业和创新应用，一些地方政府已启动大数据相关工作。坚持创新驱动发展，加快大数据部署，深化大数据应用，已成为稳增长、促改革、调结构、惠民生和推动政府治理能力现代化的内在需要和必然选择。

（1）大数据成为推动经济转型发展的新动力。以数据流引领技术流、物质流、资金流、人才流，将深刻影响社会分工协作的组织模式，促进生产组织方式的集约和创新大数据推动社会生产要素的网络化共享、集约化整合、协作化开发和高效化利用，改变了传统的生产方式和经济运行机制。大数据持续激发商业模式创新，不断催生新业态，已成为互联网等新兴领域促进业务创新增值、提升企业核心价值的重要驱动力。大数据产业正在成为新的经济增长点,将对未来信息产业格局产生重要影响。

(2)大数据成为重塑国家竞争优势的新机遇。在全球信息化快速发展的大背景下,大数据已成为国家重要的基础性战略资源,正引领新一轮科技创新。充分利用我国的数据规模优势,实现数据规模、质量和应用水平同步提升,发掘和释放数据资源的潜在价值,有利于更好发挥数据资源的战略作用,增强网络空间数据主权保护能力,维护国家安全,有效提升国家竞争力。

(3)大数据成为提升政府治理能力的新途径。大数据应用能够揭示传统技术方式难以展现的关联关系,推动政府数据开放共享,促进社会事业数据融合和资源整合,极大提升政府整体数据分析能力,为有效处理复杂社会问题提供新的手段。建立"用数据说话、用数据决策、用数据管理、用数据创新"的管理机制,实现基于数据的科学决策,推动政府管理理念和社会治理模式进步,加快建设与社会主义市场经济体制和中国特色社会主义事业发展相适应的法治政府、创新政府、廉洁政府和服务型政府,逐步实现政府治理能力现代化。

2. 大数据与信息化、数字经济关系

信息技术与经济社会的交汇融合引发了数据迅猛增长,大数据应运而生。同时,大数据的迅速发展又掀起了新的信息化浪潮,为信息产业和数字经济发展提供了新机遇、新挑战。

(1)大数据与信息化。与以往数据比较,大数据更多表现为容量大、类型多、存取速度快、应用价值高等特征,是数据集合。这些数据集合,这种海量数据的采集、存储、分析和运用必须以信息化作为基础,充分利用现代信息通信技术才能实现。

一是大数据推动了信息化新发展。大数据作为新的产业,它不但具备了第一产业的资源性,还具备了第二产业的加工性和第三产业的服务性,因此它是一个新兴的战略性产业,其开发利用的潜在价值巨大。实际上,我们对大数据开发利用的过程,即是推进信息化发展的过程。因为大数据加速了信息化与传统产业、行业的融合发展,掀起了新的信息化浪潮和信息技术革命,推动了传统产业、行业转型升级发展。所以,从这个层面来讲,大数据推动信息化与传统产业、行业的融合发展的过程,也就是"互联网+"深入发展的过程。"互联网+"是一种新型经济形态,利用膨胀增长的信息资源推动互联网与传统行业相融合,促进各行业的全面发展。"互联网+"的核心不在于"互联网"而在于"+",关键是融合。传统行业与互联网建立起有效的连接,打破信息的不对称,结合各自的优势,迸发出新的业态和创新点,从而实现真正的融合发展。而大数据在"互联网+"的发展中扮演着重要的角色,大数据服务、大数据营销、大数据金融等,都将共同推进"互联网+"的进程,促进互联网与各行各业的融合发展。未来的"互联网+"模式是去中心化,最大限度地连接各个传统行业中最具实力的合作伙伴,使之相互融合,整个生态圈的力量才是最强大的。

二是大数据是信息化的表现形式,或者是信息化的实现途径和媒介。在数字经济时代,信息技术同样是经济发展的核心要素,只是信息更多的由数据体现,并且这种数据容量越来越大,类型越来越复杂,变化速度越来越快。所以,需要对数据进行采集、存储、加工、分析，形成数据集合——大数据。因此，大数据既是信息化新的表现形式，又是新的信息化实现的途径和媒介。

（2）大数据与数字经济。大数据与数字经济都以信息化为基础，并且均与互联网相互联系，所以要准确理解大数据与数字经济的关系，必须以互联网（更准确地讲是"互联网＋"）为联系纽带进行分析。腾讯董事会主席兼首席执行官马化腾领衔撰写的新书《数字经济：中国创新增长新动能》指出：互联网是新兴技术和先进生产力的代表，"互联网＋"强调的是连接，是互联网对其他行业提升激活、创新赋能的价值迸发；而数字经济呈现的则是全面连接之后的产出和效益，即"互联网＋"是手段，数字经济是结果。数字经济概念与"互联网＋"战略的主题思想一脉相承。数字经济发展的过程也是"互联网＋"行动落地的过程，是新旧经济发展动能转换的过程，也是传统行业企业将云计算、大数据、人工智能等新技术应用到产品和服务上，融合创新、包容发展的过程。

由此看来，大数据是传统行业与互联网融合的一种有效的手段；同时大数据也是数字经济结果实现的新平台、新手段和新途径，大数据推进了"互联网＋"行动落地的过程，推进了新旧经济发展动能转换的过程；大数据加快了互联网与传统产业深度融合，加快了传统产业数字化、智能化，为做大做强数字经济提供了必要条件和手段。数字经济时代，经济发展必然以数据为核心要素。

3. 加快推进国家大数据战略

国务院于2015年9月5日发布了《促进大数据发展行动纲要》（以下简称《纲要》）。《纲要》提出用5~10年时间，实现打造精准治理、多方协作的社会治理新模式，建立运行平稳、安全高效的经济运行新机制，构建以人为本、惠及全民的民生服务新体系，开启大众创业、万众创新的创新驱动新格局，培育高端智能、新兴繁荣的产业发展新生态等五大发展目标。《纲要》提出三个方面的任务要求：重点完成加快政府数据开放共享，推动资源整合，提升治理能力；推动产业创新发展，培育新兴业态，助力经济转型；强化安全保障，提高管理水平，促进健康发展。《纲要》就上述目标任务提出加快建设政府数据资源共享开放工程、国家大数据资源统筹发展工程、政府治理大数据工程、公共服务大数据工程、工业和新兴产业大数据工程、现代农业大数据工程、万众创新大数据工程、大数据关键技术及产品研发与产业化工程、大数据产业支撑能力提升工程和网络和大数据安全保障工程十大系统工程。

此外，还需要从法规制度、市场机制、标准规范、财政金融、人才培养和国际合作等方面，为大数据推动数字经济发展提供政策保障。

4. 加快国家大数据综合试验区建设

为贯彻落实国务院《促进大数据发展行动纲要》，2015年9月，贵州启动全国首个大数据综合试验区建设工作。2016年2月，国家发改委、工信部、中央网信办三部门批复同意贵州建设全国首个国家级大数据综合试验区。2016年10月8日，国家发展改革委、工业和信息化部、中央网信办发函批复，同意在京津冀等七个区域推进国家大数据综合试验区建设，这是继贵州之后第二批获批建设的国家级大数据综合试验区。此次批复的国家大数据综合试验区包括两个跨区域类综合试验区（京津冀、珠江三角洲），四个区域示范类综合试验区（上海市、河南省、重庆市、沈阳市），一个大数据基础设施统筹发展类综合试验区（内蒙古）。其中，跨区域类综合试验区定位是，围绕落实国家区域发展战略，更加注重数据要素流通，以数据流引领技术流、物质流、资金流、人才流，支撑跨区域公共服务、社会治理和产业转移，促进区域一体化发展；区域示范类综合试验区定位是，积极引领东部、中部、西部、东北"四大板块"发展，更加注重数据资源统筹，加强大数据产业集聚，发挥辐射带动作用，促进区域协同发展，实现经济提质增效；基础设施统筹发展类综合试验区定位是，在充分发挥区域能源、气候、地质等条件的基础上，加大资源整合力度，强化绿色集约发展，加强与东、中部产业、人才、应用优势地区合作，实现跨越发展。第二批国家大数据综合试验区的建设，是贯彻落实国务院《促进大数据发展行动纲要》的重要举措，将在大数据制度创新、公共数据开放共享、大数据创新应用、大数据产业聚集、大数据要素流通、数据中心整合利用、大数据国际交流合作等方面进行试验探索，推动我国大数据创新发展。

二、进一步优化数字经济发展的市场环境

国家信息化战略和大数据战略的深入实施，大大提高了企业和市场的数字化基础建设水平，分别为数字经济发展提供了重要基础和新平台。另外，数字经济的发展还需要具备良好的市场环境。

（一）加强企业数字化建设

我国企业数字化建设仍然处于基础设施建设阶段，深层次应用与创新有待进一步提高。在占我国工商企业总数99%的中小企业中，虽然有高达80%的中小企业具有接入互联网的能力，但用于业务应用的只占44.2%，相当多的企业仅仅是建立了门户网站，真正实现数字化服务、生产与管理全方位协同发展的企业少之又少。2017年1月，中央网络安全和信息化领导小组办公室、国家互联网信息办公室、中国互联网络信息中心联合发布的《中国互联网络发展状况统计报告》（2017年1月）发布的数据显示，受访企业对云计算、物联网与大数据三类新技术的认知程度分别为57.9%、53.4%和52.1%，有近40%的企业对新技术认知不够。企业对云计算、物联网与大数据技术的采用/计划采用比例，相比2015年明显提高，但是大体比例均在20%左右，企业技术创新步伐有待提高，直接影响企业转型升级发展。服务企业对一站式服务、个性化服务、社会化协作平台等创新服务模式的认知比例分别为65.9%、51.3%和41.7%，基本与2015年水平持平。

因此，加强企业数字化建设，是企业发展数字经济、抢占新经济"蓝海"的当务之急。鼓励企业加大数字化建设投入，积极开展数字经济立法，不断优化市场环境和规范市场竞争，是加快我国企业和市场数字化创新步伐的必然要求。

（二）优化互联网市场环境

目前，市场数字化呈现快速发展趋势，但市场环境仍然不成熟。根据互联网实验室2011年发布的《中国互联网行业垄断状况调查及对策研究报告》，我国互联网行业已经由自由竞争步入寡头竞争时代。但是，由于互联网市场监管法规不完善，处于支配地位的寡头经营者很容易利用技术壁垒和用户规模形成垄断，从而损害消费者的福利和抑制互联网行业技术创新，由此导致网络不正当竞争行为层出不穷。2010年以来，互联网领域相继爆发"3Q大战"、蒙牛与伊利"诽谤门"等网络恶性竞争事件，对网络产业的生态环境产生巨大负面影响。由于网络环境的虚拟性、开放性，网络恶性竞争行为更加隐蔽、成本更低、危害更大，不仅是损害个别企业的利益，更加影响公平、诚信的竞争秩序，对数字化市场的发展环境构成严重威胁。

综上所述，中国数字经济已经扬帆起航，正在引领经济增长从低起点高速追赶走向高水平稳健超越、供给结构从中低端增量扩能走向中高端供给优化、动力引擎从密集的要素投入走向持续的创新驱动、技术产业从模仿式跟跑、并跑走向自主型并跑、领跑全面转型，为最终实现经济发展方式的根本性转变提供了强大的引擎。

第二节 融合发展：调整产业结构，提高信息化程度

数字经济正在引领传统产业转型升级，数字经济正在改变全球产业结构，数字经济正在改变企业生产方式。那么，数字经济时代政府如何调整产业结构，提高信息化程度，紧紧跟随数字经济发展潮流和趋势，是我们必须面对的新时代课题。

一、大数据驱动产业创新发展

新形势下发展数字经济需要推动大数据与云计算、物联网、移动互联网等新一代信息技术融合发展，探索大数据与传统产业协同发展的新业态、新模式，促进传统产业转型升级和新兴产业发展，培育新的经济增长点。

（一）大数据驱动工业转型升级

推动大数据在工业研发设计、生产制造、经营管理、市场营销、售后服务等产品全生命周期、产业链全流程各环节的应用，分析感知用户需求，提升产品附加价值，打造智能工厂。建立面向不同行业、不同环节的工业大数据资源聚合和分析应用平台，抓住互联网跨界融合机遇，促进大数据、物联网、云计算和三维（3D）打印技术、个性化定制等在制造业全产业链集成运用，推动制造模式变革和工业转型升级。

（二）大数据催生新兴产业

大力培育互联网金融、数据服务、数据探矿、数据化学、数据材料、数据制药等新业态，提升相关产业大数据资源的采集获取和分析利用能力，充分发掘数据资源支撑创新的潜力，带动技术研发体系创新、管理方式变革、商业模式创新和产业价值链体系重构，推动跨领域、跨行业的数据融合和协同创新，促进战略性新兴产业发展、服务业创新发展和信息消费扩大，探索形成协同发展的新业态、新模式，培育新的经济增长点。

（三）大数据驱动农业农村发展

构建面向农业农村的综合信息服务体系，为农民生产生活提供综合、高效、便捷的信息服务，缩小城乡数字鸿沟，促进城乡发展一体化。加强农业农村经济大数据建设，完善村、县相关数据采集、传输、共享基础设施，建立农业、农村数据采集、运算、应用、服务体系，强化农村生态环境治理，增强乡村社会治理能力。统筹国内、国际农业数据资源，强化农业资源要素数据的集聚利用，提升预测预警能力。整合构建国家涉农大数据中心，推进各地区、各行业、各领域涉农数据资源的共享开放，加强数据资源发掘运用。加快农业大数据关键技术研发，加大示范力度，提升生产智能化、经营网络化、管理高效化、服务便捷化能力和水平。

（四）推进基础研究和核心技术攻关

围绕数据科学理论体系、大数据计算系统与分析理论、大数据驱动的颠覆性应用模型探索等重大基础研究进行前瞻布局，开展数据科学研究，引导和鼓励在大数据理论、方法及关键应用技术等方面展开探索。采取政产学研用相结合的协同创新模式和基于开源社区的开放创新模式，加强海量数据存储、数据清洗、数据分析发掘、数据可视化、信息安全与隐私保护等领域关键技术攻关，形成安全可靠的大数据技术体系。支持自然语言理解、机器学习、深度学习等人工智能技术创新，提升数据分析处理能力、知识发现能力和辅助决策能力。

（五）形成大数据产品体系和产业链

围绕数据采集、整理、分析、发掘、展现、应用等环节，支持大型通用海量数据存储与管理软件、大数据分析发掘软件、数据可视化软件等软件产品和海量数据存储设备、大数据一体机等硬件产品发展，带动芯片、操作系统等信息技术核心基础产品发展，打造较为健全的大数据产品体系。大力发展与重点行业领域业务流程及数据应用需求深度融合的大数据解决方案。

支持企业开展基于大数据的第三方数据分析发掘服务、技术外包服务和知识流程外包服务。鼓励企业根据数据资源基础和业务特色，积极发展互联网金融和移动金融等新业态。推动大数据与移动互联网、物联网、云计算的深度融合，深化大数据在各行业的创新应用，积极探索创新协作共赢的应用模式和商业模式。加强大数据应用创新能力建设，建立政产学研用联动、大中小企业协调发展的大数据产业体系。建立和完善大数据产业公共服务支撑体系，组建大数据开源社区和产业联盟，促进协同创新，加快计量、标准化、检验检测和认证认可等大数据产业质量技术基础建设，加速大数据应用普及。

二、"互联网+"推动产业融合发展

2015年3月5日，李克强总理在十二届全国人大三次会议政府工作报告中首次提出"互联网+"行动计划。2015年7月，国务院发布的《关于积极推进"互联网+"行动的指导意见》，明确了"互联网+"的11个重点行动领域：创业创新、协同制造、现代农业、智慧能源、普惠金融、益民服务、高效物流、电子商务、便捷交通、绿色生态、人工智能。

（一）推进企业互联网化

数字经济引领传统产业转型升级的步伐开始加快。以制造业为例，工业机器人、3D打印机等新装备、新技术在以长三角、珠三角等为主的中国制造业核心区域的应用明显加快。

1. "互联网+"树立企业管理新理念

企业互联网思维包含极致用户体验（User Experience）、免费商业模式（Freemium）和精细化运营（Operation）三大要素。三大要素相互作用，形成了一个完整的体系（或称互联网UFO模型）。互联网思维是在互联网时代的大背景下，传统行业拥抱互联网的重要思考方式和企业管理新理念。

互联网时代对企业生产、运营、管理和营销等诸多方面提出了新要求，企业必须转变传统思维模式，树立互联网思维模式。运用大数据等现代信息技术实现企业的精细化运营；坚持以用户心理需求为出发点，转变经营理念，秉承极少主义、快速迭代和微创新原则，实现产品的极致用户体验，如腾讯公司、360公司用户开发方面的成功案例，即是最好例证；实行看似免费的商业模式，加强企业与用户的联系，同样是腾讯公司、360公司将这一思维模式发挥到了极致。

2. 推进企业互联网化的行动保障

政府通过加大中央预算内资金投入力度，引导更多社会资本进入，分步骤组织实施"互联网+"重大工程，重点促进以移动互联网、云计算、大数据、物联网为代表的新一代信息技术与制造、能源、服务、农业等领域的融合创新，发展壮大新兴业态，打造新的产业增长点。统筹利用现有财政专项资金，支持"互联网+"相关平台建设和应用示范；开展股权众筹等互联网金融创新试点，支持小微企业发展；降低创新型、成长型互联网企业的上市准入门槛，结合《证券法》修订和股票发行注册制改革，支持处于特定成长阶段、发展前景好但尚未营利的互联网企业在创业板上市。鼓励开展"互联网+"试点示范，推进"互联网+"区域化、链条化发展。支持全面创新改革试验区、中关村等国家自主创新示范区、国家现代农业示范区先行先试，积极开展"互联网+"创新政策试点，破除新兴产业行业准入、数据开放、市场监管等方面政策障碍，研究适应新兴业态特点的税收、保险政策，打造"互联网+"生态体系。

（二）推进产业互联网化

推进产业互联网化，就是推动互联网向传统行业渗透，加强互联网企业与传统行业跨界融合发展，提高传统产业的数字化、智能化水平，由此做大做强数字经济，拓展经济发展新空间。数字经济特有的资源性、加工性和服务性，为产业互联网化提供了更为广阔的空间。总体来讲，产业互联网化就是推进互联网与第一产业、第二产业和第三产业的深度融合、跨界发展。产业互联网化的过程即是传统产业转型发展、创新发展和升级发展的过程。

目前，应该以坚持供给侧结构性改革为主线，重点推进农业互联网化，这是实现农业现代化的重要途径；重点推进制造业互联网化，这是实现制造业数字化、智能化的重要途径；重点推进服务产业的互联网化，这是推进第三产业数字化发展的重要手段。大数据的迅猛发展，加快了产业"互联网+"的行动进程。未来一段时期内，大数据将驱动金融、教育、医疗、交通和旅游等行业快速发展。

三、加快信息技术产业和数字内容产业发展

在数字经济时代，发达国家经济增长的决定性因素由要素投入的"规模效应"转变为知识"溢出效应"，以信息数字技术为核心的知识密集型产业正在成为新的经济增长点。我国也应该顺应知识密集型产业发展的历史潮流，加快新一代信息技术创新，积极发展数字内容产业，通过产业融合和链条经济推动产业结构升级调整。

（一）加强新一代信息技术产业发展

当前，以云计算、物联网、下一代互联网为代表的新一代信息技术创新方兴未艾，广泛渗透到经济社会的各个领域，成为促进创新、经济增长和社会变革的主要驱动力。2010年10月，国务院《关于加快培育和发展战略性新兴产业的决定》，提出要加快发展新一代信息技术产业，加快建设宽带、泛在、融合、安全的信息网络基础设施，推动新一代移动通信、下一代互联网核心设备和智能终端的研发及产业化；加快推进三网融合，促进物联网、云计算的研发和示范应用，数字经济在我国将迎来前所未遇的发展机遇。然而，由于我国是在工业化的历史任务远没有完成的背景下发展数字经济，必须积极通过新一代信息技术创新，发挥新一代信息技术带动力强、渗透力广、影响力大的特点，充分利用后发优势推动工业、服务业结构升级，走信息化与工业化深度融合的新型工业化道路。在实践方面，中国移动、中国联通、中国电信三大电信运营商和华为、中兴等电信设备提供商积极探索、推动以5G、无线上网、宽带接入为核心的信息通信技术的发展，并取得了一定的成果，我国的信息通信产业正在日益成熟。

（二）重视数字内容产业的发展

数字经济已经从"硬件为王""软件为王"进入"内容为王"的时代，数字内容产业

正逐渐成为增长最快的产业。然而，同数字经济发达国家相比，我国数字内容产业在产业链条、产业规划和法律环境等方面还存在一定的差距。发达国家数字内容产业通常以内容产品为核心，通过产业前向和后向关联机制衍生出产业链条；国内数字内容产业则"有产无链"，没有充分发挥数字内容产业所蕴含的链条经济效应。当前数字内容产业在各省份、地区蜂拥而上，缺乏国家层面的规划布局，造成重复建设、同质竞争和资源浪费，不利于产业未来做大做强。国内知识产权保护意识薄弱，各种侵权行为层出不穷，严重侵害了数字内容产品开发者的利益，大大抑制了数字内容产业的创新步伐。因此，我国必须统筹制订数字内容产业发展规划，加大知识产权保护力度，以链条经济充分带动数字内容产业的发展。

总之，数字经济在我国已经扬帆起航，数字经济正在打破传统的产业发展格局。为此，政府需要从数字经济发展的平台建设、"互联网+"行动计划、重视数字内容产业发展等方面采取措施，推进新形势下我国产业结构调整，提高信息化程度，积极应对数字经济发展。

第三节　共享参与：弥合数字鸿沟，平衡数字资源

数字改变生活，数字经济发展也正在改变我们的明天。数字经济时代，社会和公众如何共享参与数字经济发展，使经济社会发展的成果惠及全社会和广大民众，这才是国家加快数字经济发展的出发点和落脚点。

一、弥合数字鸿沟，平衡数字资源

目前，我国数字经济发展的显著优势是网民众多。网民众多有利于我国成功从人口红利向网民红利转变。但是，以互联网为代表的数字革命普及和应用的不平衡现实客观存在。

（一）数字鸿沟的主要表现

1. 网民城乡分布不均衡

截至 2016 年 12 月，中国农村网民规模达到 2.01 亿，较 2015 年底增加了 526 万人，但仅占同期全国网民总数的 27.4%。同期城镇地区互联网普及率为 69.1%，农村互联网普及率仅为 33.1%，城乡互联网普及率相差 36 个百分点。

2. 网民地区分布不均衡

截至 2016 年 12 月，中国内地 31 个省、自治区、直辖市中网民数量超过千万规模的为 267 个，与 2015 年持平。其中，网民规模增速排名靠前的省份为江西省和安徽省，增速率分别为 15.7% 和 13.6%。但是由于各地区经济发展水平、互联网基础设施建设方面存在差异，数字鸿沟现象依然存在。我国各地区互联网发展水平与经济发展速度关联度较高，普及率排名靠前的省份主要集中在华东地区，而普及率排名靠后的省份主要集中在西南地区。

3. 不同群体数字鸿沟显著

低学历群体依然是数字时代的"弱势群体"。国外数字鸿沟研究显示,数字鸿沟的存在不仅取决于网络设施普及程度,更取决于人们运用数字技术的知识与能力。这种现象在我国当前的数字鸿沟中表现十分明显。2010年,我国小学及以下学历和初中学历人口上网率分别为10.7%和28.8%,而高中学历和大专及以上学历人口的上网率高达86.7%和88.5%。不同学历群体间存在巨大的数字鸿沟,这主要是因为低学历群体缺乏必要的网络知识技能和更强的学习能力。第39次《中国互联网络发展状况统计报告》数据显示,上网技能缺失及文化水平限制仍是阻碍非网民上网的重要原因。其中因不懂电脑、网络,不懂拼音等知识水平限制而不上网的网民占比分别为54.5%和24.2%;由于不需要、不感兴趣而不上网的非网民占比为13.5%;受没有电脑,当地无法连接互联网等上网设施限制而无法上网的非网民占比为7.8%。

(二)弥合数字鸿沟的具体举措

前文通过对我国网民城乡建设地区间和不同群体间的比较可以看出,目前数字鸿沟是阻碍社会共享参与数字经济发展的最大障碍。因此,弥合数字鸿沟,平衡数字资源,是促进社会共享参与数字经济发展的必然要求。具体举措如下:

1. 建设数字政府

通过提升Wi-Fi网络覆盖面和上网便捷性,加快推动和实现政府数据的开放和应用,引领大数据及相关产业的创新或研究,建立和整合市政府公共云数据中心,推动和推广政府部门电子政务移动服务等措施加快数字政府建设,提升政府对民众参与数字经济的服务水平和能力。

2. 实现网络全覆盖

通过加大信息网络基础设施建设,尽快实现网络全面覆盖城乡,均等加大不同地区网络建设的投入力度,使数字经济成果惠及不同区域、不同地区、不同群体。

3. 加强信息化教育

通过引用数字化手段帮助贫困家庭儿童求学、求知,提高综合素质,提升上网技能;加快城镇化进程,实现农村不上网群体生产生活转变,提高民众参与数字经济发展的热情。

二、大力倡导大众创业、万众创新

适应国家创新驱动发展战略,实施大数据创新行动计划,鼓励企业和公众发掘利用开放数据资源,激发创新、创业活力,促进创新链和产业链深度融合,推动大数据发展与科研创新有机结合,形成大数据驱动型的科研创新模式,打通科技创新和经济社会发展之间的通道,推动万众创新、开放创新和联动创新。

(一)扶持社会创新发展

数字经济是未来经济发展的新蓝海,蕴藏巨大的商机并展现更为广阔的市场。面对数字经济带来的新机遇、新挑战，政府应该帮助社会创新发展，因为只有创新才能使社会大众从数字经济的金矿里挖掘出更多的"金子"。

1. 鼓励和扶持大学生和职业院校毕业生创业

实施"大学生创业引领计划"，培育大学生创业先锋，支持大学生（毕业5年内）开展创业、创新活动。通过创业、创新座谈会、聘请专家讲座等形式鼓励和引导大学生创业、创新。积极扶持职业中专、普通中专学校毕业生到各领域创业，享受普通高校毕业生的同等待遇。免费为职业学校毕业生提供创业咨询、法律援助等服务。

2. 支持机关事业单位人员创业

对于机关事业单位工作人员经批准辞职创业的，辞职前的工作年限视为机关事业社保缴费年限，辞职创业后可按机关事业保险标准自行续交，退休后享受机关事业单位保险待遇。

3. 鼓励专业技术人员创业

鼓励专业技术人员创业，探索高校、科研院所等事业单位专业技术人员在职创业、离岗创业的有关政策。对于离岗创业的，经原单位同意，可在3年内保留人事关系，与原单位其他在岗人员同等享有参加职称评聘、岗位等级晋升和社会保险等方面的权利。鼓励利用财政性资金设立的科研机构、普通高校、职业院校，通过合作实施、转让、许可和投资等方式，向高校毕业生创设的小型企业优先转移科技成果。完善科技人员创业股权激励政策，放宽股权奖励、股权出售的企业设立年限和盈利水平限制。

4. 创造良好创业、创新政策环境

简化注册登记事项，工商部门实行零收费，同时实行创业补贴和税收减免政策。取消最低注册资本限制，实行注册资本认缴制；清理工商登记前置审批项目，推行"先照后证"登记制度；放宽住所登记条件，申请人提供合法的住所使用证明即可办理登记；加快"三证合一"登记制度改革步伐，推进实现注册登记便利化。

5. 实行优惠电商扶持政策

依托"互联网+"、大数据等，推动各行业创新商业模式，建立和完善线上与线下、境内与境外、政府与市场开放合作等创业创新机制。全面落实国家已明确的有关电子商务税收支持政策，鼓励个人网商向个体工商户或电商企业转型，对电子商务企业纳税有困难且符合减免条件的，报经地税部门批准，酌情减免地方水利建设基金、房产税、城镇土地使用税；支持电子商务及相关服务企业参与高新技术企业、软件生产企业和技术先进型服务企业认定，如符合条件并通过认定的，可享受高新技术企业等相关税收优惠政策。

（二）规范和维护网络安全

随着移动互联网各种新生业务的快速发展，网民网络安全环境日趋复杂。为此，政府需要加强法律制度建设，提高网民网络安全意识，维护社会公共利益，保护公民、法人和其他组织的合法权益，促进经济社会信息化健康发展。

1. 网民安全感现状

目前，网络安全事件依然对大部分网民构成影响。根据第39次《中国互联网络发展状况统计报告》数据显示，三成以上网民对网络安全环境持信任态度，认为上网环境"非常安全"和"比较安全"的占比为38.8%；而认为上网环境"不太安全"和"很不安全"的用户占比也达到20.3%。2016年遭遇过网络安全事件的用户占比达到网民总数的70.5%，其中网上诈骗是网民遭遇到的首要网络安全问题，39.1%的网民曾遭遇过这类网络安全事件。

2. 网络安全事件类型

我国网民面临的主要网络安全事件包括网上诈骗、设备中病毒或木马、账号或密码被盗、个人信息泄露等情况。初步统计，2016年，我国网民因为诈骗信息、个人信息泄露等遭受的经济损失人均133元，总体经济损失约915亿元。数据使用管理不规范，个人信息安全保护不力，既损害了公众利益，影响社会安定，也打击了社会公众开放共享数据信息的信心，不利于大数据产业的长远发展，影响我国经济的转型升级。

3. 加强网络安全监管

随着移动互联网各种新生业务的快速发展，网民网络安全环境日趋复杂。为此，2016年11月7日，十二届全国人大常委会第二十四次会议通过了《中华人民共和国网络安全法》，为保障网络安全，维护网络空间主权和国家安全、社会公共利益，保护公民、法人和其他组织的合法权益，促进经济社会信息化健康发展奠定了法律基础。2016年12月27日，国家互联网网络信息办公室发布《国家网络空间安全战略》，为国家未来网络安全工作的开展指明了方向。

当前，大数据已从互联网领域延伸至电信、金融、地产、贸易等各行各业，与大数据市场相关联的新技术、新产品、新服务、新业态不断涌现，并不断融入社会公众生活。大数据在为社会发展带来新机遇的同时，也给社会安全管理带来新挑战。由于数据的采集和使用权责不明、边界不清，一些公共部门和大型公司过度采集和占用数据，一些企业和个人不规范使用数据信息，直接侵害了数据信息所有人的合法权益。

针对以上问题，全国人大代表陈琼建议结合我国实际，借鉴国际经验，尽快启动规范数据使用和保护个人信息安全方面的立法工作。规范数据使用管理，对非法盗取、非法出售、非法使用、过度披露数据信息的行为，开展专项打击，整顿市场秩序。将个人使用数据的失当行为纳入公民社会信用记录，有效净化数据使用环境。陈琼代表还建议强化行业自律，将有关内容纳入各行业协会自律公约之中，建立互联网、电信、金融、医疗、旅游等行业从业人员保守客户信息安全承诺和违约同业惩戒制度。

（三）树立共享协作意识

移动互联网平台、大数据平台和手机APP等现代信息技术平台的推广运用，使社会、公众的联系越加紧密。这也为数字经济时代社会协作发展提供了可能。

1. 积极发挥社会组织公益式孵化作用

社会组织本质上是自愿结社，具有平等共享和自发的特点，成员之间平等交流、同业互助的社会关系能够促进良性的创新思维。同时，自发成立的社会组织本身也是一种创业和创新，可以说，社会组织天然地具有创新、创业基因。为了提高创业、创新的成功概率，应该积极发挥社会组织对创业者的公益式孵化作用，弥补国家、政府、企业无法顾及的创业、创新领域。目前，在中关村就有多家社会组织为"大众创业、万众创新"提供全方位服务，比如"民营经济发展促进会""民营经济发展研究院""大学生创新创业联盟""职业教育产业联盟""中关村国大中小微企业成长促进会""中关村创业投资和股权投资基金协会"等，通过开办"创新创业大讲堂""创新创业服务超市""创新创业孵化基地"等，为数以万计的创业青年、众创空间、创业技术企业提供了融资、专业技能、管理水平、政策法规、办理执照等服务。

2. 坚持共享协作发展

数字经济时代，创业创新发展不再是单兵作战、孤军奋战，而是社会全面共享协作发展。所以，创业、创新发展要获得巨大成功，必须充分利用移动互联网平台、手机APP等数字化服务，加强政府、企业、社会共享协作发展，构建"政府引导、企业主导发展、社会共享协同参与"的数字经济发展新格局。

总之，数字经济发展成果广泛惠及社会民众，这是数字经济发展的根本。所以，弥合数字鸿沟，平衡数字资源，是社会共享参与数字经济发展的基本前提；大力倡导大众创业、万众创新战略行动，是社会共享参与数字经济发展的具体实践；规范和加强网络安全，加紧网络安全法规制度建设，是社会共享参与数字经济发展的重要保证。

第三章　大力推动数字内容产业发展

数字内容产业是在技术和内容的融合下产生的数字内容,进而形成一个庞大的产业群。近年来,全球数字内容产业经济规模持续扩大,中国数字内容产业已初步形成。为了更好地促进中国数字内容产业健康发展,更好地与国际数字内容市场环境接轨,数字内容产业已成为人们关注的热点问题。我们可以从数字内容产业整体发展状况、西部地区数字内容产业的发展现状,了解目前中国数字内容产业的发展现状。中国数字内容产业的发展战略,包括做好产业规划、加强管理部门间协调和发展产业集群、优化产业发展的市场环境、加强市场监管和标准体系建设以规范市场秩序、加强产业引导及服务体系建设、建立健全产业投融资体系、推进媒体机构改革和完善数字内容人才培养机制。中国的数字内容产业的经营发展模式,是政府引导与市场结合模式。这一模式体现在完善的政策和管理机制、推动数字内容产业创新,以及建立相对完整的产业管理和法律体系三个方面。政府可以发挥产业政策的作用,在战略取向和市场秩序等方面发挥积极作用,推动数字内容产业的发展。

第一节　数字内容产业的发展现状

目前,中国国民经济分类中还没有单独划分出数字内容产业,数字内容产业相关内容分散包含在"电信和其他信息传输服务业""新闻出版业""广播、电视、电影和音像业""文化艺术业"等相关行业中。随着信息传输网络的完善,传输内容的重要性逐渐凸显,并逐步形成一个单独的产业。数字内容产业作为快速发展的新兴产业,产业范围随着信息技术的进步和应用,还处于不断发展中。

一、中国数字内容产业整体发展状况

(一)数字内容产业规模

虽然中国数字内容产业发展起步较晚,但是经过最近几年的高速发展已经初具规模,初步形成了以移动内容服务为主,动漫、网络游戏、数字视听、在线学习和数字出版等市场快速发展的产业格局。据腾讯研究院版权研究中心统计,数字内容产业营收规模和产值加速增长,包括IP版权交易规模和授权衍生周边在内的广义产值,2015突破4200亿,2016突破5600亿。产业营收结构中,游戏和新闻占比下降,影视、音乐、动漫占比提升,

电竞、直播、VR迎来了大发展。数字内容产业已经成为社会经济发展中的重要组成部分，同时与相关经济领域形成了十分严密的产业链。

从数字内容产业营收结构来看，各细分领域中，游戏、音乐及广告收入占比略有下降，视频、动漫占比提升，电竞、直播、VR等新兴业态会有大发展。其中，占比下降的领域并非是营收规模的缩减造成的，以游戏产业为例，2015年，其在数字内容产业整体结构中的占比较上一年度下降了1.8个百分点，但事实上，游戏产业当年营收规模为1150亿元，较上一年度增长30.5%，增幅仍然十分可观。收费下载影视音乐等也是中国数字内容产业的一个亮点。据统计，2016年有20%的销售额将通过网络下载实现。但目前的问题是中国大部分网络音乐下载业务处于免费的状态，对市场份额的竞争在现阶段还高于对营利的需求，因此网络下载还处在推广阶段。搜索引擎市场规模在中国发展速度十分迅猛，根据互联网数据中心发布的最新数据显示，2016年全年搜索引擎市场规模达327.12亿元人民币，较2015年增长72.63%。因此，内容产业营收结构的调整变化，是随着用户需求不断被发掘，视频、动漫等领域及直播、VR等新业态持续发力，内容产业各细分领域发展更加平衡的结果。

总之，中国数字内容产业具有较好的发展条件，在政治、经济、人口环境和网民规模、基础资源规模等方面都有了较大的进步，因此中国数字内容产业具有较大的发展潜力。

（二）数字内容产业管理体制

中国并没有专门针对数字内容产业的管理部门，管理体制处在没有总体规划的状态，各个部门利益还在博弈之中，没能形成一套合理的政府组织机制来管理数字内容产业。数字内容产业管理职能分散在发展和改革委员会、工业和信息化部、文化部、国家新闻出版广电总局、中宣部等多个部门中。工信部主管数字内容产业发展的基础——信息技术和网络服务部分；文化部主管娱乐、音像内容审查等部分；国家新闻出版广电总局主管数字视听、数字出版等部分。这些行业相关的管理部门从自身管理的角度制定了有关数字内容产业发展的政策和规范：工信部更加强调数字内容技术体系、平台发展、标准制定；文化部强调数字内容产品版权保护和内容审查；国家新闻出版广电总局则将眼光放在了动画等细分产业上。

行业自治管理方面，我国并没有全国统一的数字内容产业管理协会，但在数字内容产业发展较好的省市有自己的行业自治组织，如上海就成立了由上海市经济和信息化委员会主管的上海市数字内容产业促进中心，并建立了上海数字内容公共服务平台；北京成立了中关村数字内容产业协会。

（三）数字内容产业政府管理与政策

数字内容产业作为一个刚刚发育起来的新型产业。从中国的国情来看，政府的战略性定位、引导和扶持，是数字内容产业能够健康、快速、良好发展的重要推动力。

1. 宏观政策与管理

一是国家整体战略定位。2006年，全国人民代表大会第四次会议表决通过的《中华人民共和国国民经济和社会发展第十一个五年规划纲要》中涉及信息服务业的环节明确提出，积极发展信息服务业应"鼓励教育、文化、出版、广播影视等领域的数字内容产业发展，丰富中文数字内容资源，发展动漫产业"，表明国家已经将数字内容产业发展作为国家经济和社会发展的重要工作之一。二是中央各部委对数字内容产业的态度。数字内容产业所涉及的产业领域涵盖的范围很广，涉及数字内容服务提供和技术提供的信息产业和与内容产品生产相关的文化产业和娱乐产业，而与这些行业相关的信息产业部、文化部、国家新闻出版广电总局等管理部门从自身管理的角度制定了不同程度的宏观管理政策。针对数字内容产业包含的细分行业，肩负分管责任的主要政府部门纷纷出台了相关政策，重点扶持本土企业，同时严格限制国外文化产品进入。三是地方政府对数字内容产业发展的政策引导。除国家和中央各部委外，各地也制定了促进和规范数字内容产业及相关产业发展的管理办法和规范，逐渐形成了北京、上海等重点发展区域。另外，四川、江苏等省也把发展数字内容产业作为重点工作列入本省的五年规划纲要中。

2. 针对细分行业的政策与管理

数字内容产业本身包含网络游戏、动漫、数字影视、数字音乐等六个细分产业，针对不同的细分行业，管理部门制定了各自的法规政策，对行业进行管理。一是网络游戏推进与监管并行。信息产业部对网络游戏实行了推进与监管并重的管理政策，重点扶持具有自主知识产权、国际先进的 3D 游戏引擎及工具软件关键核心技术研发及产业化，支持并充分发挥各地方的积极性，在有条件的城市建立网游软件开发基地。同时针对网络游戏的监管，信息产业部提出了打击网络游戏私服的活动，以制止当前网络游戏私服泛滥、严重危害正规市场和产业发展的现象。另外，针对网游与青少年的成长问题，国务院要求"针对近年来未成年人沉迷网络游戏等问题日益突出，各地各部门采取积极措施，努力净化网络文化环境"。二是动漫产业政策态度积极。国务院办公厅于 2006 年 7 月转发了财政部等十部门《关于推动我国动漫产业发展的若干意见》，为我国动漫产业注入发展动力。另外，2004 年广电总局也在其《关于发展我国影视动画产业的若干意见》中提出，在充分发挥中央电视台、上海美术电影制片厂、湖南三辰影库等大型动画制作基地作用的同时，鼓励多种经济成分共同参与影视动画产业的开发和经营。三是数字影视与数字音乐。针对数字影视与数字音乐的政策和管理主要集中在内容审核，以及从互联网传播角度进行的监管。2003 年以来，文化部相继发布了《互联网文化管理暂行规定》等一系列的文件，以网络文化经营许可证和内容审查制度为核心，制定和实施了对数字化的网络音像、动漫、游戏、音乐等相关管理的规定。四是数字出版政策集中于网络出版和版权问题。数字出版方面，相关的管理部门的政策大多集中在对网络出版的管理方面。2002 年，国家新闻出版总署与信息产业部联合颁布了《互联网出版管理暂行规定》，对互联网出版活动的审批、出版内容的审查做出了比较严格的规定。同时，鉴于网络环境下的版权对数字内容产业发展的重要性，国家版权局正在计划构建网络反盗版技术平台，网络版权保护的法律体系也在不断完善之中。五是数字学习并没有明确的产业概念。教育部所提出的教育信息化概念中包含了数字学习的部分内容，2006年颁发的《全国教育科学研究"十一五"规划纲要》中规定的教育科学研究的13个重点领域也包括教育信息化。由此可见，政府的管理政策中存在对数字学习的一定关注，但相关管理部门的针对角度是教育信息化，具有一定的公益性质，数字学习的产业概念并没有被明确。

二、中国西部地区数字内容产业的发展现状

由于区位因素、市场选择和产业政策的作用，一个国家、地区的产业发展在任何时候都是非均衡的。进入21世纪后，中国优先在基础较好的东部地区发展数字内容产业。但这一发展战略的目的不是要无限制地扩大数字内容产业的区域差距，而是要在适度的差距内尽快形成东部地区数字内容产业优势的"扩散效应"和"极化效应"，以带动其他地区数字内容产业的发展，在实现数字内容产业效率目标的同时，一定程度地实现布局的空间公平。目前，中国西部地区数字内容产业的发展状况表现为以下几个方面：

（一）支援、推动西部地区的信息基础设施建设

1993年，国务院信息化工作领导小组拟定了《国家信息化"九五"规划和2010年远景目标》，要求当时的电子部门与有关部委协力抓好"金桥""金卡"和"金关"工程。其中"金桥"工程属于国家信息基础设施工程，"金卡"工程和"金关"工程则属于应用系统工程。在国家"金"字系列工程的推动下，西部地区信息基础设施建设取得了较大的进展。1998年，国家启动"村村通"工程，截至2006年底，这一工程在西部地区共投入资金约10亿元，涉及约13万个"盲村"的广电基础设施建设。2000年，国家开始实施中华人民共和国成立以来规模最大、一次性投资最多的广播电视覆盖工程——"西新工程"。2001年，"缩小数字鸿沟"成为西部大开发战略的重要内容。2002年10月，科技部启动了"缩小数字鸿沟——西部行动"。2004年1月，信息产业部组织中国电信、中国网通、中国移动、中国联通、中国卫通、中国铁通在全国范围展开了发展农村通信、推动农村通信服务的"村村通电话工程"，计划"十一五"末在全国基本实现"村村通电话，乡乡能上网"的目标。这些工程的实施，使西部地区信息基础设施建设取得了较大进展。

（二）西部相对发达地区的数字内容产业发展迅速

近几年，西部相对发达地区逐渐加大了对数字内容产业及信息基础设施建设的资金投入和政策扶持力度，同时，以深化文化体制改革推动了数字内容产业的发展。例如，陕西省在全国率先进行了广电管理体制改革，2001年组建陕西省广播电视信息网络股份有限公司，成为全国第一个整合全省广播电视网络资产并实现整体上市的省份。目前，西安、成都、重庆、兰州等西部相对发达城市的软件业、动漫产业、数据库业、信息服务业已初步形成了一定规模，成为当地经济增长的亮点。2016年，陕西省知名软件企业达到66家，有8家软件企业被中国软件行业协会评定为信用等级3A企业，以西安软件园这个国家软件"双基地"为核心的软件产业体系和集群已经初步形成。四川省充分利用本省在电子信

息、人才和文化资源等方面的优势，大力发展以网络和动漫游戏产业为主导的数字内容产业。成都市温江区建立了国家动漫游戏产业振兴基地，努力将自身打造成为"中国西部动漫游戏之都"。以长虹、九州为代表，四川绵阳市已成为我国最大的数字视听产品聚集地。贵阳市有近百家动漫、数字内容企业，围绕原创和外包服务主要业务推动产业发展，积极开展动画、漫画电子图书等应用领域的创作设计及制作。重庆维普资讯公司开发的"中文科技期刊数据库"和"中国科技经济新闻数据库"在全国有很大的影响力。

在数字媒体与传统媒体的博弈中，西部传统媒体已逐渐由被动应战改为主动抢占数字高端平台。例如，2005年9月，《华西都市报》推出了西部第一份手机报，开始尝试报业与网络、无线通信的联动。2005年12月，《成都日报》推出了全国首个网络多媒体平台，聚合广播、电视、报业资源，实现了传统媒体网络化和网络媒体实业化。

（三）注重发掘、展示、创新、营销西部传统文化

"内容为王"的数字时代，传统文化是西部数字内容产业的差异性资源优势。为摆脱同质竞争和内容短缺，西部数字内容产业越来越重视对西部传统文化的发掘、展示、创新和营销，并以此打造品牌。例如，内蒙古电视台以数字化生产和传播为手段，以深厚的草原文化为底蕴，以"走进"系列为龙头，以人文历史、民风民俗、音乐歌舞、旅游风光、名人名作等系列主题为根本，打造特色节目品牌。目前，内蒙古电视台已将"蔚蓝的故乡"栏目打造成为中国北方传媒品牌，并计划注册"蔚蓝的故乡"品牌商标，然后按照创意产业发展模式，围绕品牌商标及内容版权，建立影视文化公司，开发衍生产品，组建专业的演艺机构，成立文化娱乐公司，建造影视基地，发展文化旅游业。

第二节　数字内容产业的发展战略

自从互联网进入中国以来，数字经济就以超乎寻常的发展速度受到人们重视。尽管我国在建设数字经济方面已取得了明显成绩，但是与数字经济相匹配的企业经营模式和市场环境却有待进一步发展与升级。而面对后金融危机时代全球数字化浪潮的巨大发展机遇，如何迎接数字经济的挑战、营造数字经济的运行模式和环境，已成为我国发展数字经济的战略抉择。

一、做好产业规划

（一）优化产业布局

数字内容产业的跨领域性与复杂性必须有一个整体规划，通过合理规划来优化产业布局，推进产业的协调、健康发展。比如，对于目前占据数字内容产业市场规模重要地位的短信与彩信业务而言，需要与其他的移动互联网业务，比如即时通信业务、无线电子邮件

业务、手机报业务、手机视频业务等整体配合，加强其内部的协调性；而对于整个的产业发展而言，还需要加强相关标准与政策的推进，保证相关业务在绿色、健康的主题下健康地发展。整体规划优化布局的另外一个基点就是要减少重复投资与自由市场竞争的盲目性，推进相关产业的合理配置。

（二）推进产业个性化发展

由于不同的地区与不同的企业的个性化，要求数字内容产业要因地制宜、推进个性化发展。不同的地域自身的经济、社会与文化特征不同，因而其在数字内容产业发展需求与发展重点及步骤方面会有所不同，这就要求各地加强适合自身的产业发展。对于产业链网相关的企业而言，必须清楚地认识到自身在发展数字内容产业方面的特长与核心能力，注意培育自身的个性化发展能力，以个性化推进自身业务的不断丰富与成长。

二、加强管理部门间的协调和发展产业集群

（一）加强管理部门间的协调

加强产业管理部门间的协调，改善条块分割、职能交叉状况。数字内容产业是一个大的产业集群，包含数字内容产品生产、交易、传输、技术支持、服务支持等多个环节，需要加强相关管理部门间的统筹规划和协调，在一些业务管理上进行整合，从而更好地推动产业发展。在细分领域上，分类指导、分步推进。目前我国定位动漫、网游产业为重点发展领域，资源投入较为集中，而在数字出版典藏、移动内容、数字学习等领域具有市场优势，需关注和支持这些领域发展。

（二）发展数字内容产业集群

发展数字内容产业的重点是要打造产业链，使产业链集成延伸，以现代创意产业为核心，打破区域和层级的边界，形成不同的产业集群，使产业向高度集群化发展。一是工业园区产业集群。按照企业集聚、产业集聚的思路，重点扶持一批基础好、集群规模较大的数字内容产业园区，完善其基础设施和周边环境，采取统一政策、统一管理、统一服务的方式，促进企业聚集、资源共享、合力发展。二是数字内容企业集群。促使数字内容产业集群的形成，实现"专业化"生产，并加强数字内容企业之间的分工协作，这是数字内容专业化发展方向。通过数字内容企业之间的联合，强化各自的优势，从内涵上扩大企业的规模，实行地区的社会化分工和专业化生产，从而降低成本，提高竞争力，获得可持续发展。

三、优化产业发展的市场环境

针对数字内容产业各领域存在的网络运营监管、公共信息资源开放、数字版权保护、信息安全、标准等问题，制定相应的政策。在内容软件方面，逐步改变依赖国外软件的局面，支持国产工具软件开发，特别是如地理信息处理软件等涉及国家信息安全方面的软件研发。一是完善网络环境下著作权保护、数据库保护、虚拟财产保护等法律法规；二是加大保护

知识产权执法力度，严厉打击盗版侵权及在网络上恶意侵犯他人利益等违法行为。在电脑动漫领域，须在加强数字版权保护的基础上，打破买方垄断，面向市场需求支持公共服务领域的数字内容开发利用。数字游戏目前发展形势良好，主要是加强监管，鼓励应用于社会教育和生产服务领域。网络服务和移动内容领域，需要加强对网络基础设施运营的监管，防止歧视的市场准入，促进公平竞争；不断提高网络连接速度，降低宽带服务成本，促进数字内容便捷获取和流通；加强信息安全立法和技术研发。在数字出版典藏方面，进一步推动公共部门信息和内容的数字化开发利用，一方面，制定相关政策法规，积极公开、共享具有经济和社会价值的公共信息资源，鼓励社会力量对其进行增值利用、市场开发；另一方面，加强数字版权保护，协调解决数字内容开发、传输和互用性等产业标准问题，建立数字内容描述、传输、安全等标准体系。鉴于版权保护对数字内容产业可持续发展的决定性作用，我国既要提高重视程度，加大对数字版权保护研究、探索和实践的投入，积极促进国家版权局构建各种反盗版技术平台，又要按照国际条约及国家版权局颁布的《互联网著作权行政保护办法》和于2013年3月1日起施行的《信息网络传播权保护条例》，完善数字版权法规体系，强化对数字版权的法规保护。

四、加强市场监管和标准体系建设

针对数字内容产业各领域存在的公共信息资源开放、网络运营监管、行业标准等问题，制定相应的规范政策。如运用宏观调控手段，加强对网络基础设施运营的监管，平衡网络运营商的利益，为内容服务商发展提供足够的利益空间；充分鼓励公平的市场竞争，防止歧视的市场准入；降低宽带服务成本，不断提高网络连接速度，促进数字内容便捷获取和流通；加强技术研发和信息安全立法，支持医疗卫生、教育培训、行业应用、国防安全等公共服务领域的数字内容产品开发；积极推进科技、文化、社会等信息资源公开共享工程，大力发展面向社区、农村的公益性信息内容服务；鼓励数字内容行业标准化建设工作，协调解决数字内容开发、传输和互用性等产业标准问题，建立数字内容传输、描述、安全等标准体系。

五、加强产业引导及服务体系建设

（一）加强产业引导

加强产业引导，尽快制定数字内容产业导向投资目录，加强对数字内容产业的宏观引导和规范。政府应当全面推动"三网融合"，全面推动电子政务、电子商务、企业信息化和社会信息化，刺激全社会对数字内容的应用和需求，拉动产业市场的迅速拓展。

（二）加强服务体系建设

一是建设公共服务平台。公共服务平台应该在政府部门和企业之间起着沟通桥梁的作用，既承担政府优惠政策和扶持措施的平台发布功能，又凝聚社会服务力量，通过整合与优化配置区域资源，开展共性技术的应用服务，降低企业成本，提高区域企业群的整体竞争力。二是发挥中介服务机构的作用。中介服务机构承担着优化资源配置，为数字内容产业发展提供技术支持、应用推广服务、知识产权服务、人才培训服务和合作交流等专业服务。

六、建立健全产业投融资体系

政府应当充分借鉴国内外先进经验，积极发展产业投资基金和政府引导基金，逐步形成以政府投入为引导、企业投入为主体、社会资金广泛参与的新型投融资体制，促进资金的有效投入和良性循环。

（一）政府资金引导

设立数字内容产业专项基金，加强产业化引导和培育，重点支持重大项目的开发、技术成果转让和产业化。数字内容产业专项基金应当体现"重点倾斜"的原则，根据区域战略布局和发展规划，有侧重地利用政府资金用于提升和优化产业基础设施，充实和完善产业支撑服务体系，尤其重点投向关键技术平台的研发。除此之外，政府还应充分发挥行业协会的作用，形成涵盖企业、政府、协会、研究院及投资机构的产业互动氛围，推动企业间、企业与投资机构间的定期项目交流。例如，由政府出面联合金融、财税等部门组织特定企业与行业的交流会，了解相互间的需求。

（二）构建数字内容产业多元化投融资体系

政府应当注重对国内外金融投资机构，尤其是风险投资、天使投资的引进，主要从两个方面出发：一是提升投资的硬环境因素，包括自然条件、环境状况、基础设施、经济结构和接近市场等；二是完善开放政策、政府效率、社会治安、金融、技术与管理、教育与人力资本、立法与司法状况等软环境因素。地方政府应以投资者为中心，通过完善投资硬环境和软环境，吸引国内外投资机构的进驻，从而进一步丰富产业企业的融资渠道。

七、推进媒体机构改革

推进媒体机构改革，加快数字产品、数字服务的产业化和市场化，要按照先易后难、逐步推进的原则，先把娱乐、科技、财经、生活时尚、体育等经营性媒体从事业体制中分离出来进行转企改制，按现代产权制度和现代企业制度的要求，将其构建为市场主体，实行公司化经营和市场化运作，再把国有垄断媒体中的经营性部分进行有限分离和改组改制。积极探索通过股份制改造进入资本市场及实现跨媒体、跨行业、跨地区经营和国际化经营的具体方式和途径。在国家政策允许的范围内，媒体应积极吸纳民营资本和境外资本，形成多元化投资格局。对于直接关系到国家意识形态和文化信息安全的电视台、党报、党刊、电台等媒体，需要做出特别的制度安排并配套相关政策。

八、完善数字内容人才培养机制

数字内容产业竞争的关键是创新竞争、技术竞争，而创新竞争和技术竞争归根到底是人才的竞争。一是整合现有培训机构。充分利用高校院校、科研院所和社会培训机构的师资力量、教学设施等优势资源，加快培养数字内容产业发展迫切需要的创作人才、高端技术人才、集成创新人才和其他紧缺人才，为产业振兴提供强大的人才支撑和技术支持。要在学科门类、学位设置（包括博士、硕士点）、研究经费上给予积极支持。二是发展数字内容网络教育平台。建立数字内容网络教育和培训的信息管理系统，实现培训项目管理的网络化、自动化和公开化。三是努力为人才创造更加宽松优厚的工作和生活环境，吸引人才、留住人才，从而充分发挥他们的聪明才智。四是建立适宜的人才管理机制，有效地利用激励机制，调动人才献身于数字内容产业发展的积极性和创造性。

第三节　数字内容产业的经营发展模式及政策

我国推进数字内容产业发展，需要认清自身的经营发展模式，并制定数字内容产业政策。

一、数字内容产业的经营发展模式

我国数字内容产业的经营发展模式，是政府引导与市场结合模式。这一模式体现在完善的政策和管理机制、推动数字内容产业创新，以及建立相对完整的产业管理和法律体系三个方面。

（一）完善的政策和管理机制

为扶植和发展壮大数字内容产业，政府推出了适合我国国情的数字内容产业发展举措。

1. 完善数字内容产业发展的政策措施

政府要在国内数字内容产业发展现状进行全面调研的基础上，掌握现有数字内容企业的发展情况和传统文化内容产业的发展情况，分析研究数字内容产业的发展模式和区域管理布局，制定和完善国家或区域关于支持数字内容产业发展的相关鼓励政策；出台支持推动数字内容产业发展的相关政策；出台支持公共服务领域的数字内容开发利用的政策，特别是面向农村、社区的公益性信息内容服务的支持政策。加强对数字内容产业的宏观引导和规范。全面推动"三网融合"，全面推动电子政务、电子商务、企业信息化和社会信息化，刺激全社会对数字内容的应用和需求，拉动产业市场的迅速拓展；结合中国数字内容产业发展特点，尽快研究制定中国的数字内容产业导向投资目录。

2. 健全数字内容产业的管理体制

设立数字内容产业的主管机关，负责整体产业的推动，但重点为游戏、动画、数字影像及网络相关的产品和服务。为了保证跨部门的合作，有必要专门成立"数字内容产业发展领导小组"，统筹管理数字内容产业发展的规划、推动与评估。同时，设立"数字内容产业推动办公室"，以作为产业推动与服务的单一管理服务机构，协调相关部门，联合学术界、企业、协会与社团组织等共同推动数字内容产业的发展。

（二）推动数字内容产业的创新

我国数字内容产业的创新涉及的方面很广泛，不过基本上可以分为宏观和微观两个层面。宏观层面的创新主体是政府机构、中介机构和学术机构，它们进行的创新活动主要是理论创新和制度创新。微观层面的创新主体则是数字内容产业内的各个企业及与其有商业往来的经济组织，而微观层面的创新又可以分为内容创新、技术创新和商业模式创新。

1. 数字内容产业制度创新

数字内容产业制度创新是指政府机构或者有关中介机构对涉及数字内容产业的相关制度进行建设、改革等活动。制度创新的内容主要有出台鼓励或限制某些企业或行业发展政策、对企业的经营行为进行规范、制定相关行业标准、制定相关法规，等等。例如，我国许多地方政府制定了鼓励动漫游戏产业发展的政策，出台了优惠措施，促进了相关行业的发展。制度创新可以优化企业发展的外部环境，促进市场要素的整合，推动市场资源向数字内容产业的流动，对于数字内容产业发展具有决定性的意义。我国的数字内容产业发展速度不够理想，与我国以往的许多限制性政策有很大关系。因为传统的内容产业大多涉及传播和媒体领域，都属于限制非国有资本进入的领域，而很多行业即使进入数字时代之后，仍然难以摆脱政策的约束，数字电影和数字电视就是典型的例子。因此，通过制度创新，减少数字内容产业发展所受到的限制，对于我国数字内容产业发展具有至关重要的意义。

2. 数字内容产业理论创新

数字内容产业理论创新是指相关学术机构和个人，对于数字内容产业产生、发展等过程的理论进行研究之后，对以前的理论进行的突破和发展。理论创新不仅可以总结数字内容产业发展的规律，也可以预测数字内容产业的发展方向和趋势，对政府政策的制定和企业的经营行为都具有重要的指导作用。数字内容产业的理论研究主要是依据有关学科理论，对数字内容产业的发展规律进行研究。数字内容产业由于涉及的行业门类众多，因此其研究所涉及的学科领域也十分广泛，涉及数学、计算机科学、管理学、经济学、传播学、文化学、美学、艺术学、社会学、教育学、建筑学、规划学、法学等众多学科。例如，数字内容的安全涉及密码学，定价涉及经济学和管理学，版权保护则涉及法学。因此，数字内容产业的理论研究领域非常广泛，跨学科的特征非常明显，对数字内容产业进行研究需要跨学科的综合性学术背景或者跨学科的合作。

3. 数字内容产业的内容创新

数字内容产业的内容创新则是指数字内容生产企业对其产品进行的创新。对数字内容进行创新的目的是提升产品的吸引力,希望提高产品的价格或者销售数量。内容创新是生产企业的生命力所在,如果没有适应市场需要的内容,企业就会被市场淘汰。

4. 数字内容产业的技术创新

数字内容产业的技术创新是指数字内容生产企业通过技术研发,研究出可以应用于其产品生产、销售、配送、保护等生产经营过程的新技术。数字内容产业的技术创新也十分重要,通过技术创新,可以使产品更加易于传输、销售,或者是产品不容易被复制和传播,从而提升企业的经济效益。

5. 数字内容产业的商业模式创新

数字内容产业的商业模式创新则是指企业在生产经营各环节所进行的创新,通过创新获取竞争优势的过程,包括战略、营销、定价、生产、投融资等环节的一部分或者几部分。

(三)建立相对完整的产业管理和法律体系

参照国外的先进管理与法律法规建设经验,结合我国的实际情况,我国应主要从以下四个方面来进一步加强数字内容产业管理与法律法规建设工作:

1. 德治

道德是人类行为准则的调节器,运用道德手段管理数字内容产业是对法律、行政手段的重要补充。"仁义礼智信"五常说,也反映出经济发展需要有道德根源,我们要努力提高数字内容生产者和消费者的素质,帮助他们养成良好的道德修养,切实履行《中国互联网行业自律公约》《中国新闻界网络媒体公约》《中国互联网协会反垃圾邮件规范》《全国青少年网络文明公约》4部自律性规范,自觉依法开展数字内容的生产、销售、传播、交易和使用。

2. 法治

国外数字内容产业先进的管理和立法经验告诉我们,一套完整而切实可行的法律法规是数字内容产业得以快速可持续发展的重要保证,因此,我们应从国家层面尽快制定我国关于数字内容产业的专门法律法规。在充分借鉴国外立法经验的同时,还要在对现在法律法规进行清理的基础上,认真研究现有法律法规存在的问题或不足,特别是关于数字内容产品的生产、制作、传播、交易等过程中所涉及的知识产权问题要认真加以研究,既要充分保护带有技术措施保护的数字内容产品,又要严格依据法律规定,做出合理的例外和豁免,以确保符合合理使用的部门和机构的利益。要开展数字产业发展的实际状况及其需求的调查、统计与分析,以便制定和建立具有较强针对性和较高水平、科学合理的具有中国特色的数字产业法律法规体系。

3. 自治

首先,政府应在明确相应的政府管理部门和职能的基础上,制定明晰的数字内容产业政策,协调产业发展,优化投融资体系,制定合适的人才引进交流体系、产权明确与保护、税收等一系列法律法规,构建良好的产业发展环境。其次,相关的行业协会如中国互联网协会、中国信息产业商会、中国版权保护中心、中国版权协会、中国软件协会、中国音像协会等积极发挥在数字内容管理中的作用。建议在条件成熟时建立我国数字内容产业协会，统一归口管理。最后，数字内容生产者和供应商要加强自治，严格自己的生产和经营、交易行为，积极参与构建良好的产业环境。

4."技治"

"技治"就是通过技术手段来加强数字内容产业的管理，严厉打击利用技术手段在数字内容产业上恶意侵犯他人利益的行为，技术的问题可以通过技术来解决，技术措施保护是重要的方式。具体包括以下几个方面：首先，要整合行业技术力量，形成产业联盟，合力研发数字内容产业相关核心技术及确立产业标准。其次，要加紧对数字内容监管系统的研究和开发，不断升级监管技术手段，以准确把握互联网上信息传播的动向。再次，在利用信息技术对内容产业进行监管时，要充分考虑到监管行为的可行性、合法性，一切行动应在国家有关法律许可的范围内实施，不能与现行法律法规相抵触，产生新法冲撞现行法的现象。

总之，政府建立数字内容产业管理法律法规建设时，应坚持综合考虑，全盘规划，科学实施。要通过德治、法治、自治、"技治"等多种手段，形成一个相对完整的管理体系，建立一个联动有效，能促进我国数字内容产业健康有序发展的管理模式。

二、推动数字内容发展的产业政策

政府可以发挥产业政策的作用，在战略取向和市场秩序等方面发挥积极作用，推动数字内容产业的发展。

（一）明确产业政策取向

1. 制定产业建设的总体战略规划

政府部门作为数字内容产业建设的引导者、协调者，依据国家信息化发展战略，根据数字内容产业发展的实际需要，制定数字内容产业建设的总体战略规划，明确产业发展的指导思想、基本原则、工作目标、政策措施、实施步骤和保障措施。

2. 积极鼓励数字内容产业的发展

面对数字内容产业的日常管理问题，应努力减少法规管制类工具的使用。而对一些新兴的业态和商业模式，不要急于限制或者处罚，应当容其经过一定时间的发展，管理举措经过充分酝酿和清晰之后，再根据相关情况加以规范、实施，而在移动互联网方面的政策尤其需要谨慎和理性。

3. 发挥政府部门在产业发展和建设上的引导协调作用

优化数字内容产业的建设环境，加强数字内容产业发展的规范化、制度化和法治化建设，严格保护数字内容产品的知识产权建立，健全产业发展和建设的法律法规和体制机制。

4. 出台优惠政策，加大财政支持力度

政府部门要充分发挥财政政策、税收政策、信贷政策等政府公共政策在推进数字内容产业建设中的积极作用，制定财政补贴、税收减免、贴息贷款、加速折旧等优惠政策；增加财政对数字内容产业的投入力度，改进资金投入和管理方式。

（二）利用政策手段，建设完整的产业链

数字内容产业代表了一个大的产业集群，涉及数字内容产品生产、交易、传输、技术支持、服务支持等复杂环节。要对包含如此众多的产业集群进行有效管理和运营，必须依靠政府的统筹规划，制定相关政策，激励企业通过投资、兼并、收购、合作等方式，形成一个综合的产业生态链。政府在制定政策时，应把握发展好连接该产业链的三个重要环节：第一个环节是娱乐文化的创意和制作；第二个环节是内容的运营；第三个环节是消费体验。只有把这三个环节连在一起，才能构成一个完整的数字内容的产业链。

（三）围绕市场失灵和公共服务需求提供政策支持

1. 政府应在产业发展的市场失灵方面提供政策支持

例如，数字内容产业涉及无形资产融资问题，需要研究数字内容的知识产权等无形资产评估、担保机制，创新数字内容企业融资方式，建立数字内容产业发展引导基金，引导风险资金投资数字内容产业。

2. 支持公共服务领域的数字内容开发利用

支持教育培训、医疗卫生、行业应用、国防等领域的数字内容产品开发，推进文化、科技、社会等信息资源共享工程，大力发展面向农村、社区的公益性信息内容服务。

3. 根据市场需求整合公共技术服务平台

数字内容产业大都具有高技术特征，公共技术服务平台对于产业发展具有重要支撑作用。对于目前重复建设的众多公共服务平台，需引导各地根据市场需求加强整合，提高管理运营水平，增强为企业服务的能力。

（四）利用政策优势，提高自主创新能力

为克服中国数字内容产业自主创新能力不足的问题，政府要利用政策优势，提高自主创新能力。一是在文化创新方面，政府要营造良好的数字内容产业自主创新的政策环境，理解并支持数字内容的发展，发挥利用中国传统文化的优势，创造具有民族特色的数字内容；二是在技术创新方面，政府要制定进一步加快中国的信息技术发展的政策，从硬件制造和软件开发两个方面，为数字内容产业的发展提供良好的物质技术，包括推动宽带、泛在、融合、安全的信息网络基础设施建设；推动新一代移动通信、下一代互联网核心设备和智能终端的研发及产业化；加快推进二网融合，促进物联网、云计算的研发和示范应用。

大数据时代，不仅要看到其技术属性的"大"，也要看到大数据在创造社会价值、变革行为方式等社会属性的"大"。大数据时代，政府在治理过程中应更加关注大数据的社会属性。大数据的广泛应用将催生"智慧治理"这一新的政府治理模式，它所强调的是通

过大数据技术，提升政府治理能力，更好地处理公共事务，满足公众需求。随着信息技术的飞速发展、互联网等新媒体的广泛应用，政府治理走向智慧治理，因为大数据时代对政府治理广泛的影响，但也给政府治理能力建设带来了重大的机遇。政府智慧治理的重点任务有五项：一是智慧决策；二是多元协作；三是智慧服务；四是智慧监管；五是智慧应急。智慧治理的实现不是一朝一夕的事情，需要有正确的实现途径和有力的保障措施，包括深化大部制改革、完善相关法律法规、完善相关机制、发展信息产业和鼓励公民参与的实现途径，以及加强组织领导、增强技术支撑能力、加强业务人员和领导干部的培养和强化政府信息安全保护的保障措施。

第四章 居民消费概述

一个国家的经济增长主要取决于消费、投资和净出口三个因素。长期以来，我国居民的消费率过低而储蓄率过高，消费增长的速度落后于经济增长速度，消费对 GDP 的拉动作用也不及投资和净出口，造成消费、投资与净出口的结构失衡。投资和净出口成为拉动我国经济增长的主力，消费成为我国经济发展的短板，这对我国经济的持续、稳定发展是极为不利的。

第一节 研究背景

改革开放以来，我国经济增长的主要动力来源于投资和出口。外需一直是推动我国经济增长的一股重要力量，但外需的不确定性和不可控性也给我国经济发展带来麻烦，过分倚重外需拉动经济增长不是长久之计。对于我国这样一个大国，要保证经济的持续、稳定、快速发展，只能依靠内需。而对外贸易依存度的不断走高，会使我国经济发展受世界经济波动的影响越来越大，经济增长的外在风险更大，这使我国的出口导向战略面临越来越大的国内外阻力，付出越来越高昂的政治、经济、社会、生态成本，加大了我国经济社会发展的风险。显然，今后应减弱外需对经济增长的显著带动作用。与投资和出口需求相比，消费需求是最基础、最不可替代的需求。一国经济发展的快慢，在相当程度上取决于消费需求的大小。当经济度过最初发展阶段，进入中级或更高发展阶段时，这一特征体现得尤为突出。也就是说，随着经济发展水平不断提高，消费需求对经济增长的作用会越来越大。我国正处于经济发展的上升阶段，工业化、城镇化步伐加快，居民消费结构升级及居民收入水平稳步提高成为促进消费增长的强有力因素。我国是世界上人口最多的国家，而且也是最大的发展中国家，我国的基本国情决定了它需要积极扩大内需，这是一个长期战略。

从 2008 年底开始，随着美国次贷危机的蔓延，全球经济低迷，我国的外需急剧下降。2009 年我国净出口对经济增长的贡献为负，出口对我国的经济增长起到反向拉动作用；而在经济不景气的情况下，企业的投资也急剧下降。在出口和投资双双下降的情况下，如何保证我国经济的高速增长成为难题。经济学家普遍认为，通过扩大投资特别是加大政府对基础设施的投资力度，虽然可直接拉动经济增长，但这属于短期行为，短期内可能产生一定的效果，但将来仍然会出现内需不足的问题，经济仍将面临停滞的危险。从长远来看，要依靠消费,尤其是依靠居民消费来拉动经济增长。庞大的国内市场,特别是较为落后的农村地区,为我国消费增长乃至经济持续增长提供了广阔空间。全球金融海啸可能不完全是一个短期经济的循环波动,应该有比较深层次的一些结构问题。而消费结构是经济结构的重要组成部分,又是消费的核心内容。因此,居民消费结构的升级是扩大国内消费需求的重要方面,结构的优化升级有利于消费总量的增加,从而拉动我国的经济增长。居民消费是实现国民经济良性循环的关键,而居民消费结构是否合理又是能否大幅提高消费总量的关键。这体现了居民消费结构在社会主义市场经济运行中的重大作用。

在2009年9月底G20匹兹堡金融峰会召开前,奥巴马称"现在是时候重新平衡全球经济了,我们不能再回到之前那个由中国、德国和其他一些国家只是卖东西给我们的时代了,致使我们在产生大量信用卡债务或房屋权益贷款的同时,却没有出口任何东西给他们"。欧盟经济货币事务专员阿尔穆尼亚也曾表示,"美国必须进行大幅度的结构调整,增加储蓄,将消费压缩到合理的比例。而中国和日本应提高对全球经济增长的贡献度,欧洲则必须进行结构改革,以便提升增长潜能"。这将大规模影响中国输美产品的数量,欧洲等国家受到危机的严重影响,也需要一个相当长的恢复时期。

面对此次金融危机,中国需要完成双重任务:保持经济增长;转变发展方式、调整经济结构。保增长和扩内需被认为是治标的内容,而"调结构"则被认为是治本的内容。在经过多年的发展之后,中国结构调整已经进入一个关键时期。因此,要保证我国高速的经济增长,必须加快居民消费结构的升级。经济增长与消费结构升级两者互为因果、相互促进。经济增长是消费结构升级的基础,消费结构的升级反过来又能促进经济增长。

经济结构的调整主要是供求结构的调整,即实现产业结构和消费结构的均衡。消费结构尤其是居民消费结构的提高对经济结构调整具有重要的推动作用。消费者对产品和服务的品质及质量提出更高要求,将激励企业提高产品的品质,并逐渐实现产业结构的调整和升级。目前,我国的产业结构滞后于消费结构的变化,而居民消费结构中,恩格尔系数较高、享受型消费资料和发展型消费资料比重较低,这极大地妨碍了国民经济整体素质的提高以及经济增长方式由粗放型向集约型的转变,极大地制约了产业结构的合理化和消费结构的合理化。因此,考察现阶段我国居民消费结构演进趋势和现状,分析消费结构与生产结构、流通结构、分配结构的一般关系,研究城乡之间、地区之间和不同收入群体之间的居民消费结构基本情况,有助于探索我国居民消费结构的变动规律,找到推动我国居民消费结构优化升级的方案。

消费结构和经济增长受到许多共同因素的影响,各自又由不同的因素所决定,两者之间的关系相当复杂。一方面经济增长为居民消费结构的升级提供了物质基础,另一方面消费结构的升级为经济增长提供市场的拉动力量,两者相互联系、相互促进。一般来说,不能片面要求消费结构适应经济增长,也不能片面要求经济增长适应消费结构,消费结构的发展变化超前于或滞后于经济发展阶段都会对经济的发展造成不良影响,应该使两者相互适应。

经济增长的目标之一就是促使经济结构的优化升级,即经济增长过程不仅是一个总量增长的过程,而且也是结构变动和结构成长的过程。在以需求为导向的市场环境中,人均收入水平的提高会引起居民消费结构不断升级,而居民消费结构的不断升级会引导产业结构高级化,从而使经济持续增长并保持长期的稳定性。经济总量增长和结构变动是经济发展的两个方面,两者互为因果、相互促进,即经济总量增长引起结构变动,结构变动促进经济增长。

第二节 研究意义与目的

一、研究意义

国民经济是生产、交换、分配、消费四大环节不断运动的统一的有机整体。消费是生产的目的,是国民经济循环、发展的重要环节。而消费结构是消费的核心内容,它对社会经济发展具有促进或抑制的作用,同时也是社会经济发展的结果。因此,研究消费结构尤其是居民消费结构的变动规律、发展趋势,以及居民消费结构与经济增长之间的关系,有利于消费结构的优化调整和居民消费质量的提高。这对于促进国民经济的持续、协调发展,具有十分重大的理论和现实意义。

第一,对居民消费结构的研究有助于找到阻碍经济增长的结构矛盾,从矛盾中探索优化居民消费结构的途径。消费结构是当代西方经济学和消费经济学的重要内容,消费结构理论是消费经济理论的重要组成部分。消费结构的研究是把消费理论与消费实际联系起来,为消费问题提供实证研究的角度和方法。消费结构实际上研究的是实现了的消费需求结构,它直接反映了一个国家的宏观经济发展水平状况,消费者的消费水平、消费特点和消费发展的趋势,并在一定程度上决定了各类消费的变动规律。因此,对居民消费结构的研究有利于对消费结构的变动趋势进行预期,探讨合理的居民消费结构。

第二,对居民消费结构的研究有助于引导消费结构与经济增长两者的相互作用,以使消费结构得到优化,从而促进经济增长。从宏观经济角度看,居民消费结构的调整,能使消费需求总量得到迅速放大,使 GDP 中的消费需求部分比例上升,进而拉动经济增长;同时,居民消费结构的变化又引导着产业结构的优化升级,使供给适应需求。供给与需求相适应是科学发展观的客观需要和转变经济增长方式的客观要求。影响产业结构变动的因素是多方面的,在不同的时期,各个因素对产业结构变动的影响是不同的。随着我国经济由卖方市场向买方市场转变,居民消费结构对产业结构变动的作用显得越来越突出,人们越来越意识到在产业结构转换过程中消费结构的重要性,消费结构成为产业结构演进的根本动因;而产业结构的变化主要是影响经济的生产规模,经济增长和发展的实质在于产业结构高度的提升。因此，以居民消费结构的演变和发展规律为依据调整产业结构，对转变经济增长方式，全面促进我国经济协调、持续发展具有重要的意义。

第三，对居民消费结构的研究可掌握其变动规律及趋势，有助于引导其朝着合理化方向调整。改革开放40多年来，我国经济社会的变化尤其是经济生活的变化巨大，在20世纪80年代初可以说我们就是生活在一个满足生活必需品的时期，但是从80年代中后期开始，这种情况不断发生变化：先是冰箱、彩电、洗衣机进入市民的家庭；到了90年代后期由于房贷的出现，使住房成为消费内容；进入21世纪之后，汽车开始进入居民家庭。20年左右的时间，我们就逐步由柴米油盐的时代走向汽车的时代，由生活必需品的时代走向耐用消费品的时代。但使耐用消费品进入大众消费阶段，即居民消费结构的调整是非常不容易的。在世界经济下滑、我国出口压力增大的情况下，促进消费结构调整，确定居民消费结构优化的目标，已成为推动经济持续、稳定增长的关键任务。

二、研究目的

第一，深入研究影响居民消费结构的因素，并分析这些因素是如何影响居民消费结构的。重点研究消费结构与产业结构、流通结构、分配结构的一般关系，并在此基础上研究居民消费结构与经济增长的相互关系，重点阐述消费结构对经济增长的重要作用，从而明确优化居民消费结构的重要性。

第二，在理论研究的基础上，利用实证分析考察我国居民消费结构情况、改革开放至今居民消费结构的变动趋势，以及城乡之间、区域之间和不同收入群体之间的居民消费结构的基本情况；分析城镇与农村居民消费结构的不同之处和东、中、西、东北四大区域居民消费结构的异同，以及不同收入群体居民消费结构的差异，在此基础上，找出当前我国居民消费结构存在的问题、原因及居民消费结构变动的总体趋势，从而挖掘我国居民消费结构优化的潜力和现实基础，并全方位探索我国居民的消费热点。

第三，研究居民消费结构的最终目的是扩大国内消费需求，推动经济健康、持续、平稳的发展。而人民生活水平的提高，表现在消费总量的增加，更多地体现在居民消费结构的不断升级上。消费是再生产的动力，消费结构是消费的具体内容，是推动再生产正常进行的直接动力。因此，具体来说，对居民消费结构的研究就是为了进一步优化消费结构，促进经济发展，提高人民的消费水平，改善人民的生活。

第三节 研究方法与内容结构

一、研究方法

有关居民消费结构的研究涉及多个领域，跨越多个学科，因此笔者采用多种分析方法对其进行全面的研究，力求构建比较严密的理论分析—实证分析—结论的逻辑结构。

（一）实证分析与规范分析相结合

本书通过对我国居民消费结构的实证研究，考察我国城乡居民消费结构、区域居民消费结构及不同收入群体居民消费结构差异状况及其变动规律。在实证分析的基础上，结合规范分析，找出目前我国居民消费结构存在的问题、主要原因及居民消费结构变动的总体趋势，并针对这些问题挖掘我国居民消费结构优化的潜力和现实基础，全方位探索我国居民的消费热点。力求把规范分析建立在真实、具体的实证分析基础上。

（二）宏观分析与微观分析相结合

既从宏观方面对我国城乡之间、区域之间的居民消费结构进行历史的、多角度的分析，又从微观方面分析居民家庭消费结构中各类消费品的消费比重及其变动趋势，为居民消费结构的研究提供现实依据。

（三）统计、数量分析

以国内外居民消费结构的相关理论为基础，以统计和数量分析方法为工具，力求使结论更具有科学性和实效性。

（四）静态分析与动态分析相结合

任何事物均处于不断变化和发展过程中，消费结构也随着社会经济条件的变化而不断变化。为了能够真实、全面、客观地反映我国居民消费结构，笔者采用动静结合的研究方法，即对当前我国居民消费结构现状进行静态分析，而对改革开放至今的居民消费结构变动情况进行动态考察。

（五）比较分析方法

采用横向比较和纵向比较，即对我国从改革开放至今的居民消费结构的变动情况进行纵向比较，对当前我国城乡之间、区域之间、不同收入群体之间的居民消费水平和消费结构进行横向比较分析，通过比较来发现问题，从而有针对性地提出解决问题的方法。

二、内容结构

本书系统总结与梳理了居民消费结构的理论，分析消费结构与产业结构、流通结构、收入分配结构之间的关系，研究消费结构与经济增长之间的客观联系，着重阐述消费结构对经济增长的重要作用。在此基础上，通过实证研究对我国居民消费结构的变动情况进行静态、动态和区域差异性分析，即利用扩展的线性支出系统模型（ELES）对我国居民消费结构进行静态分析，以说明我国居民消费结构在当前的状态和特征。同时，由于消费结构在优化过程中是一个不断变动、调整的过程，因此，为了进一步了解改革开放 40 多年来中国经济快速增长过程中居民消费结构的变动情况，采用时间序列数据对我国居民消费结构进行动态分析。另外，由于我国地域广阔、人口众多，各地区经济发展水平存在较大差距，因此从区域着手，分析东、中、西、东北四大区域居民消费结构的差异性。通过实证分析，总结我国居民消费结构存在的主要问题及其成因，归纳我国居民消费结构变化的总体趋势，从而探索我国居民的消费热点，以此为基础，提出相应的政策建议。

第五章 居民消费结构的研究综述

居民消费结构简单来说就是居民各项消费支出占家庭总支出的比重。研究居民消费结构，具有重要的现实意义和理论意义。

第一节 国内外居民消费结构的相关理论

一、国外学者关于居民消费结构的理论研究

（一）马克思主义对于居民消费结构的理论探索

马克思主义学者没有专门研究过居民消费结构问题，但在他们的有关论述中曾涉及此问题，给后人研究居民消费结构问题以启迪，对当前完善居民消费结构、促进经济增长具有重要的理论价值和实践意义。

马克思在《政治经济学批判》导言中较为全面地阐述了生产与消费的关系；在《资本论》中，系统地研究了消费的性质、消费与生产的相互作用、消费在社会再生产中的作用，指出了消费需求对经济周期的影响。他在社会再生产理论中把社会总产品按实物形态划分为两大部类，即生产资料的第一部类和生产消费资料的第二部类。其中第一部类用于生产所需的消费，第二部类用于满足个人需求。两大部类保持着一定的比例关系。马克思把第二部类的消费资料又细分为必要的生活资料和奢侈的消费资料两类，指出消费品的这种划分对生产结构具有决定性影响。随着生产的发展、经济的增长，人们的收入会发生变化，因此会引起居民消费结构的变化。在经济危机时人们都会暂时减少奢侈品的消费；然而在繁荣时期，不仅必要的生活资料的消费会增加，人们也会增加他们通常买不起的各种奢侈品的消费。这说明，危机与繁荣时期，由于人们收入不同，相应的居民消费结构也发生了变化。居民消费结构的发展变化会使生产产品的数量和种类发生变化，导致社会资源和劳动力在不同行业间的重组整合。生产什么产品、生产多少都由消费的情况来决定。至此，马克思通过对各种消费资料在不同经济发展时期的比例分析，阐明经济增长对居民消费结构的影响以及消费结构决定生产结构的原因。在做这部分论述时马克思的研究实际已蕴含了消费结构对经济发展的制约和推动作用的思想，即随着生产力的发展、经济的增长，应合理调整消费结构以利于产业结构的优化，从而促进经济的进一步增长。可见，马克思的社

会再生产理论为后人研究居民消费结构提供了科学的理论依据。

恩格斯明确划分了居民消费结构，他把消费资料划分为三个层次，即生存型消费资料、享受型消费资料和发展型消费资料。他指出："一个新的社会制度是可能实现的，在这个制度下，现代的阶级差别将消失；而且在这个制度之下——也许在经过一个短暂的、有些艰苦的，但无论如何在道义上很有益的过渡时期以后——通过有计划地利用和进一步发展现有的巨大生产力，有劳动能力并且愿意劳动的人们都将得到劳动机会，并且满足人们生存需要的生活资料和满足人们享受和发展需要的资料，以及一切满足人们体力和智力发展所需的资料，都将平等地、愈益充分地交归社会全体人员支配。"这揭示了居民消费结构随着经济的增长从低向高发展的历史进程。恩格斯又指出在不同的社会制度下，根据生产力的发展阶段和掌握的生产资料情况，来决定生产产品的种类和数量，并根据广大消费者的需求情况，来决定是否生产奢侈品。这说明居民消费结构随生产力发展，从总体上是呈上升趋势的，正是由于这种上升趋势，决定了必须研究居民消费结构对经济增长的作用，从而满足人类的需求。从这一论述里我们可以看到其中已经蕴含了居民消费结构优化升级的重要思想。

列宁则更明确地指出"一定的消费状况是比例的要素之一"，列宁在《论所谓市场问题》中，也提出了消费需求的上升规律，"资本主义的发展必然引起全体居民和工人阶级需求水平的增长"，"欧洲的历史十分有力地说明了这一需求的上升规律"。他还指出："生产消费，归根到底总是同个人消费联系着，总是以个人消费为转移的。"可以看出这些理论已经蕴藏了经济增长会引起消费结构变化，从而使消费需求增加的重要思想。

中国领导人毛泽东、邓小平都有过关于消费与生产之间关系的论述，但由于当时的国情，还只处于强调总量的阶段，因此未对居民消费结构进行深入探索，更没有关于居民消费结构与经济增长之间关系的阐述。江泽民在党的十六次代表大会报告中指出："要随着经济发展不断增加城乡居民收入，拓宽消费领域，优化居民消费结构，满足人们多样化的物质文化需求。……不断丰富人们的精神世界，增强人们的精神力量。"习近平总书记指出："构建新发展格局，把战略基点放在扩大内需上""我们将扭住扩大内需战略基点，畅通国民经济循环"。努力扩大居民消费、充分释放内需潜力，是形成强大国内市场、发挥我国超大规模市场优势的重要方面，对于构建以国内大循环为主体、国内国际双循环相互促进的新发展格局具有重要意义。可见，报告中蕴含了优化居民消费结构对经济增长的重要作用。

（二）西方学者对居民消费结构问题的有关论述

在经济思想发展史中，消费问题很早就被分析和研究过，而"消费结构"这个概念直到19世纪末西方才开始使用。居民消费结构是经济结构中的重要内容，消费结构与产业结构之间具有直接的关联性，消费结构的变化会对经济增长方式产生影响。西方经济学家在研究消费结构问题时早已证实了这一点。关于消费结构的研究，在当代西方消费经济学中占有重要地位。

1875年，德国统计学家恩格尔（Engel）通过对英国、法国、德国、比利时等国家一些居民家庭的消费支出构成进行分析，得出在居民家庭收入不断增加时，用于食品的消费支出比例会逐渐减少，这就是著名的恩格尔定律。它揭示了随着收入的变化，引起居民消费结构变化的趋势。这一定律自提出后，曾多次被不同国家、不同时期的统计数据所验证和证实，不管是时间序列数据还是横截面数据都可验证这一规律，即伴随着经济的发展、收入水平的改变会引起居民消费结构的变化。

在资本主义社会第一次经济危机爆发之前，西方学者大多重视生产而忽视了消费对生产的反作用。随着资本主义社会中生产和消费矛盾的日益尖锐，生产相对过剩的经济危机周期性爆发之后，微观经济学逐渐将居民消费需求、消费行为作为研究的重要组成部分。马歇尔（Marshall）从微观经济的角度进行分析，把居民消费结构变动对经济的影响引入经济理论体系，从此消费结构一直作为西方经济学微观理论中消费者均衡理论的基本前提。但随着资本主义经济危机的日趋严重，整个资本主义市场呈现生产过剩、市场需求严重不足，面对经济的长期萧条，均衡理论的新古典学说却不起作用了。凯恩斯学派及时地从宏观经济的角度进行分析，把消费对国民经济的影响引入了经济理论体系，他先从消费总量影响消费函数理论上考虑，然后开始分析消费结构的构成，提出收入的变化会引起居民消费结构的变化，进而导致产业结构的调整，从而影响经济的增长。这一分析思路和方法对经济理论的发展产生了深刻的影响。

从宏观经济分析中衍生出来的经济增长或经济发展理论把这种新的思路发展到一个新的水平。在研究经济结构时对消费结构的研究是必不可少的，人们普遍认为，居民消费结构随人均收入提高而发生变化。在《现代经济增长》一书中，库兹涅茨探讨了现代经济增长的总量、速度、结构及其传播扩展机制，证实产业结构的变化趋势和消费结构的变化趋势是高度相关的。1941年，库兹涅茨在研究消费结构时认为，消费结构的变动直接引起生产结构的转换，而消费结构的变化和经济总量的变化有密切的关系。人均产值的变化会引起居民消费结构的改变。根据他的论述，我们可以得出这样的结论：经济总量的变化会引起居民消费结构的变化，居民消费结构的变化又会推动产业结构的变化。

投入产出分析的创始人里昂惕夫（W.W.Leontief，曾利用投入产出法分析了经济增长与产业结构的关系，研究了各地区间的经济关系与各种经济政策所产生的影响，还定量分析了消费结构对产业结构的影响。1962年，克拉克（Kalecki）明确指出消费结构会影响产业结构。他认为通过实体投资量、存货的增量和消费需求的数量及结构就能够粗略地估计出国内对国民经济各部门的产品需求量，进而确定产业结构。1970年，钱纳里（H.B.Chenery）在研究资源配置过程时，直接考察了居民消费结构同产业结构的相互依赖关系，认为满足人类各种需求的消费品消费支出先后次序对产业结构的变化具有重要影响。钱纳里在对不同国家工业化经验的研究中证实，在工业化进程中，消费需求对工业结构的演进和转换起着积极的推动作用。2003年，Junko Doni分析了消费结构与经济增长的关系，他假定在只有两种商品的消费市场中,通过比较它们的替代弹性可证明商品的替代程度不同会直接影响到产业的发展,从而进一步影响经济的增长。

二、国内学者关于居民消费结构的研究

我国对居民消费结构的研究起步较晚,20世纪80年代才开始出现专门研究消费结构的专著。尹世杰于1988年在《中国消费结构研究》一书中分析了消费结构与经济协调发展的必要性和必然性。他认为我们不能离开整个经济发展、社会进步、环境的污染和治理、科学技术的进步来说明消费结构的发展趋势,而是应该将其结合起来一起考察它们之间的相互关系、相互影响,指出在经济发展过程中,消费需求是有导向规律的,消费内容的丰富、消费结构的升级及对消费需要的满足程度的提高,是经济增长和产业结构升级的推动力。尹世杰于1998年在《中国"九五"时期消费结构发展趋势研究》一文中提出合理的消费结构必须是与国民经济协调发展的:一方面,消费结构要适应整个国民经济的发展状况;另一方面,消费结构也要有利于整个国民经济的合理化。尹世杰于2004年在《优化消费结构与全面建设小康社会》一文中指出:"优化居民消费结构,有利于扩大消费需求,促进经济增长。居民消费结构的优化能扩大新的消费需求,特别是对享受资料、发展资料的需求,扩大对高层次的劳务消费的需求,形成新的消费热点和新的经济增长点促进产业结构的优化、升级,促进经济增长,从而形成消费需求与经济增长之间的良性循环。"

杨圣明于1986年在《中国消费结构研究》一书中认为消费结构是经济结构中的重要内容,消费结构受周围许多社会经济条件的影响,随着这些条件的变化而变化,并反过来作用于这些社会经济条件,促进或延缓社会经济的发展。

林白鹏教授于1987年在《中国消费结构学》一书中把消费结构作为一个要素放在社会再生产这个大系统中研究,以社会再生产为线索,讨论了消费结构与国民经济总体结构合理化的关键之处,指出,"居民消费结构的优化升级对社会再生产和经济的健康、平稳、持续发展具有重要作用""社会生产力水平所处的阶段决定着居民消费结构的层级,反映居民的生活质量情况,因此,在社会主义国家研究居民消费结构有特殊意义"。林白鹏等人于1993年在《中国消费结构和产业结构关联研究》一书中认为,产业结构和消费结构之间是作用和反作用的关系,产业结构的变化为消费结构的变化提供了物质基础,同时居民消费结构的变化会引导产业结构发生变化。产业结构只有适应消费结构的变化,才能从根本上解决生产与消费的矛盾,使产业结构的调整与人民生活水平的提高、经济的增长结合起来。

严先溥于2004年在《消费升级为经济增长提供强劲动力》一文中认为,从经济运行轨迹看,居民消费结构的升级转型对经济的发展起到了助推器的作用。

郭守亨于2006年在《中国城市化过程中的消费结构研究》一书中认为,消费结构变化引起需求结构变化、居民消费结构的升级,是扩大国内需求量的重要方面;消费结构的

升级换代，会引起消费总量的增加，提高其在国内生产总值中的比重，同时推动着产业结构的优化升级，使供给与需求相适应，以利于经济增长方式的转变。他还指出，以消费结构的演变和发展规律为依据调整产业结构，对提高投资效率和转变经济增长方式，促进经济可持续发展，全面促进我国经济协调发展具有重要的现实和理论意义。

第二节 居民消费结构理论的简要评述

西方古典经济学家因受生产力发展水平的制约，没有形成专门的、系统的消费理论，甚至连消费结构的概念也没有明确提到，但其关于居民收入和消费关系的探索对居民消费结构问题的研究奠定了基础。当代西方经济学家侧重对微观消费结构理论研究，不仅创立了居民消费结构理论，而且不断推进量化的研究方法，但由于受资本主义私有制的影响，他们在研究居民消费结构问题时忽略了生产决定消费这一实质性问题。马克思主义学派对消费及其结构问题也有所涉及，虽没有建立系统的消费经济理论体系，但他们从生产关系的角度出发，科学地阐释了消费结构研究的一般性原理，为研究居民消费结构问题提供了坚实的理论基础。

近年来，国内学者在对我国居民消费结构进行研究时均从全国的角度出发，整体研究我国居民消费结构情况，而忽略了对我国各地区间的居民消费结构差异性的研究。因此，本书从区域的角度，比较分析我国四大区域居民消费结构的情况，揭示我国各区域居民消费结构的差异性。对空间居民消费结构差异的分析，不仅有利于各区域居民消费结构的升级，而且对我国居民消费结构的优化升级、经济增长和产业结构的调整都有重要意义。另外，本书分别探索了我国短期和长期的消费热点。与此同时，研究如何将这些潜在的有效需求转变成现实需求，以达到扩大内需、升级居民消费结构的目的。

第三节 居民消费结构的界定

一、消费结构的基本概念

随着我国社会主义市场经济的发展，对消费结构的研究也越来越重要。国内诸多学者对消费结构的定义有自己的理解，内容不尽相同，但主要有以下7种：

尹世杰从消费客体的角度对消费结构进行了定义：人们在消费过程中所消费的不同类型的消费资料的比例关系就是消费结构。

刘方棫指出，所谓消费结构，就是在需求和供给的矛盾运动中形成的各类消费资料（包括劳务）在消费支出总额中所占的比例及其相互关系。他也从消费客体的角度考察了消费结构，同时强调了市场在消费结构形成中的作用，明确将消费结构与统计学的消费支出结构统一了起来。

于光远对消费结构的定义则侧重其社会属性：消费结构不仅包括各类消费资料和劳务的数量比例，同时还包括各社会集团的消费比例、社会公共分配的消费品的消费与个人分配的消费品的消费的比例、各种消费行为（如吃、穿、住、各式各样的用品等等）之间的比例……社会消费的总的规定性，即社会消费结构。

杨圣明认为，消费结构是人们在生活消费过程中各种社会因素、自然因素之间的相互关系和数量比例的总和。其将影响消费结构的自然因素、社会因素等也包括了进来。

林白鹏认为，消费结构是人们生活消费过程中各消费主体、客体之间按一定方式、一定顺序建立起来的相互关系的总和。它既包括人们所消费的各种资料和劳务之间的比例关系，也包括各种消费群体之间消费的比例关系，个人消费同社会集体消费之间的比例关系，等等。其定义既包括了消费的客体结构，也包括了消费的主体结构。

李振明认为，消费结构必须与消费者行为相协调，应该把消费结构定义为消费储蓄结构和消费支出结构的统一，即消费结构具有两个层次的含义：一个层次是居民消费储蓄结构，另一个层次是居民的消费支出结构，两者的有机统一才是消费结构的完整定义。

由于消费需求是一定时期社会对各产业的产出（产品或劳务）有支付能力的需求，是市场总需求中最重要的组成部分。因此，王云川认为消费结构通常反映的只是消费需求最终实现的结构，表现为过去式，而对未来（未实现）的消费结构应该用消费需求结构来表述，即从宏观上考察所能观察到的、在一定时期内对各种消费对象有货币支付能力的现实需求之间的比例。

综合考察上述七种消费结构的概念后，笔者认为对居民消费结构的定义可以从实物形式和价值形式两方面进行。所谓实物形式，就是指人们日常生活的总消费中消费了何种消费资料，以及消费的数量。居民消费不同种类的消费资料主要是满足自身生存、享受和发展的需要。研究居民消费结构的实物形式，有助于使企业对各种不同类型消费资料的生产更加明确，即有助于产业结构的优化调整，使其更适应居民消费结构的优化升级。而价值形式的居民消费结构主要是指以货币表示的、人们在日常生活消费过程中消费各种不同类型的生活消费资料的比例关系。具体来说，是指食品消费、衣着消费、居住消费、交通通信消费、医疗消费、家庭备用品及服务消费、文娱教育消费和其他消费八类消费品的支出，分别在生活消费总支出中所占的比重关系。一般来说，实物形式的居民消费结构决定价值形式的居民消费结构；反过来，价值形式的居民消费结构反映实物形式的居民消费结构，即两者之间密切相关、相辅相成。因此，本书主要从价值形式研究居民消费结构，辅之以实物形式，力求做到对居民消费结构进行全方位、多层次、系统的研究。

二、消费结构的分类

（一）按消费结构的研究范围和研究目的的不同，可分为宏观消费结构和微观消费结构

宏观消费结构是指从一个国家或地区整体考察居民的消费结构情况，宏观消费结构主要分析消费基金中各个组成部分在量上的结合状况及其变动趋势。宏观消费结构的内容很丰富，社会公共消费、不同地区消费结构、不同阶层消费结构等都属于宏观消费结构的内容，宏观消费结构直接制约着产业结构，第一产业主要与居民食品、衣着消费相关，第二产业主要与家庭设备用品及服务、交通通信及居住消费相关，第三产业主要与医疗保健、交通通信、娱乐文化教育消费有关。因此，从整体上把握宏观消费结构的变化趋势和规律性，有利于根据消费结构的变化合理地对产业结构和国民经济结构进行相应的调整。所谓微观消费结构，也称家庭消费结构，是从家庭和个人着眼考察的消费结构。宏观消费结构的基础是微观消费结构；宏观消费结构的发展方向，是通过单个家庭和个人消费结构的变化趋势表现出来的。因此，加强对微观消费结构的研究，有利于综合不同类型家庭和个人的消费结构及其变化状况，从中找出发展规律，揭示整个国家或地区居民消费结构的变化趋势和规律性，以便开拓新的消费领域和新的消费品生产领域，从而制定更加科学的消费品生产发展战略。可见，研究宏观消费结构的目的是要了解消费资料在不同地区和不同人群间的分布；对微观消费结构的研究则在于掌握人民的生活质量及居民的消费变化趋势。本书既研究不同区域和不同群体之间的居民消费结构情况，也对居民家庭消费结构的演进趋势和规律进行分析。

（二）按消费主体的不同来划分，可分为城乡居民消费结构、区域居民消费结构、不同收入水平的居民消费结构

城乡居民消费结构主要是对城镇和农村居民在消费水平、各类消费品支出的比重及消费结构的发展趋势等方面进行比较分析。由于中国是城乡二元经济结构，且城乡之间各方面的差别较大，因此对城乡居民消费结构的研究具有现实意义。区域居民消费结构主要是对不同区域的居民消费结构进行比较研究。由于各区域在消费习惯、发展水平等方面有较大差别，因此各地区的居民消费结构也不尽相同。不同收入阶层消费者的消费结构也大不相同。收入水平较低的居民，其消费绝大部分在生存型消费资料，而享受型消费资料和发展型消费资料的消费支出很少甚至没有；中等收入水平的居民，其最基本的生存需要已得到满足。享受型消费资料和发展型消费资料的消费支出所占比重仍然较少，但有所提高；较高收入水平的居民，其生存型消费资料在消费支出中所占比例较少，享受型消费资料和发展型消费资料在消费支出中所占比例较高。城乡之间、区域之间、不同收入群体之间的居民消费结构层次是不同的，因此本书主要从城乡之间、区域之间、不同收入群体之间来研究居民消费结构的情况。

（三）按消费客体的不同进行划分，可分为生存型消费资料、享受型消费资料和发展型消费资料

恩格斯明确地划分了居民消费结构，他把消费资料划分为三个层次，即生存型消费资料、享受型消费资料和发展型消费资料。他指出将来在没有阶级差别的社会制度下，当社会生产力得到巨大发展的时候，有劳动能力并且愿意劳动的人们都将得到劳动机会，并且满足人们生存需要的生活资料和满足人们享受和发展需要的资料，以及一切满足人们体力和智力发展所需的资料，都将平等地、更加充分地交归社会全体人员支配。由此可知，生存型消费资料是维持劳动力简单再生产所必需的生活资料。人们首先要满足的就是最基本的生存需要，这是人们最基本的消费资料，如必需的食品、衣物等。享受型消费资料能满足人们享受需要的物质资料和精神产品，对人身心健康有重要的作用。在一个国家或地区的经济发展到一定程度，并且居民个人的劳动收入在保障居民个人基本需要之后还有剩余，且有满足自我享受需求意愿的情况下，这种消费资料便会随之进入人们的消费领域，用于满足人们享受的需要。它的出现有利于拓宽人们的消费领域，提高人们的消费水平。发展型消费资料是发展人们体力、智力所需的生活资料，能提高和发展人的德、智、体、美等方面，这种消费资料的出现有利于满足人们自身全面发展的需要，是居民消费水平进一步提高的标志。在社会主义精神文明建设下，发展型消费资料对消费水平的提高具有重要意义。可见，享受型消费资料和发展型消费资料是较高层次的消费资料，其中发展型消费资料的消费能够促进人的全面发展，是最高层次的消费。一般而言，生存型消费资料的需求是缺乏弹性的，而享受型消费资料和发展型消费资料的需求弹性较大。人们在满足了生存需要后，会逐步要求满足享受和发展的需要。

按我国目前统计年鉴中对居民消费结构的划分，将居民消费支出分为食品消费支出、衣着消费支出、家庭设备用品及服务消费支出、医疗保健消费支出、交通和通信消费支出、教育文化娱乐服务消费支出、居住消费支出和杂项商品与服务消费支出八大类。

其中，食品类消费支出包括粮食、副食品、糖、烟、酒及其他食品的消费支出；衣着类消费支出包括服装、衣着材料、衣着加工费、鞋袜帽及其他的消费支出；家庭设备用品及服务类消费支出包括耐用消费品、家具及家庭服务等；医疗保健类消费支出包括医疗器具、保健用品、医药费等的支出；交通和通信类消费支出包括交通费、电话费、邮费的支出；教育娱乐文化服务类的消费支出包括教育费、文化娱乐费、书报费等消费支出；居住类消费支出包括房屋建筑、购买、房租、水电燃料的消费支出；杂项商品与服务类消费支出包括个人用品、其他商品、其他服务费的消费支出。这种划分比较具体和直观，有利于掌握居民消费的具体内容，也便于对各时期、各区域之间居民消费及其结构的比较。

综合上述几种类型的消费结构，为了从多角度、多层次、全方位地对居民消费结构进行研究，本书针对不同消费主体考察我国城乡居民消费结构、区域居民消费结构及不同收入群体的居民消费结构差异状况及其变动规律。消费客体方面主要采用我国统计年鉴中的八大类消费支出，并将其从生存型、享受型和发展型消费的角度进行归类，运用中国历年统计年鉴中的数据实证分析居民消费结构中各类消费品的消费比重及其变动趋势，论证居民消费结构的演进规律。

另外，由于最终消费中，既有政府消费又有居民消费，但居民消费在消费总量中占绝大部分，是消费增长的主导力量，而政府消费主要受政策影响且所占比重较低，所以本书主要研究居民消费结构，即本书中所涉消费结构均指居民消费结构。

三、合理的居民消费结构

居民消费结构是随着需求与供给的矛盾运动而不断变动的。考察居民消费结构有助于掌握和探索居民消费的变动趋势，及时调整产业结构，衔接好供需关系。一定的居民消费结构既可能促进供给的改善与需求的满足，也可能延缓供给的改善与需求的满足。合理的居民消费结构是一个动态的、相对的概念，它是需求和供给相互作用的产物，是产业结构合理化乃至整个国民经济结构合理化的前提。

在全球经济发展缓慢、外需减少的情况下，2010年党的十七届五中全会提出，要坚持扩大内需战略，保持经济平稳、较快发展，加强和改善宏观调控，建立扩大消费需求的长效机制。居民消费结构的合理化是我们研究居民消费结构问题的落脚点，居民消费结构的合理化，对于促进产业结构的优化、促进技术和产业创新、促进整个国民经济持续稳定发展、促进居民消费质量的提高、促进人的整体素质的提高和全面发展、促进社会文明和人类进步等都有着重要的意义和作用。

居民消费结构不断趋于合理化的表现：生存型消费品在居民生活消费总支出中的比重逐步下降，发展型消费品和享受型消费品的比重逐步上升。具体来看，居民的消费情况是，食品消费支出比重逐步下降，即恩格尔系数逐渐下降，衣着、用品的比重逐步上升；在食品的消费支出比重中，主食品的消费比重下降，副食品的比重上升；购买高质量、高品位的消费品和耐用消费品的支出比重上升，购买低档品比重下降；劳务消费支出比重上升，实物消费支出比重下降；满足居民精神需要的消费支出比重上升，而物质消费比重下降；等等。当前我国居民消费结构的合理化既要反映经济快速发展下居民物质消费水平的不断提高，又要体现人们的精神文化需求日益丰富，而且能够促进产业结构的不断优化和升级、经济的可持续发展。可见，在消费水平达到一定程度之后，居民才会有意识地改善消费质量、扩大消费领域、增加消费空间，最终实现居民消费结构合理化。

在经济发展方面，合理的居民消费结构应与经济发展水平相适应。经济发展水平的高低制约着居民消费水平和居民消费结构；而合理的居民消费结构能够拉动经济不断增长。居民消费是拉动经济增长的可靠力量，居民消费结构变动对整个经济增长起着始发性和基础性的作用，并且决定着经济运行方向和增长速度，能为经济发展开拓更宽的领域和更广阔的空间，对经济发展具有长期性的影响；同时，合理的居民消费结构有利于引导和促进产业结构的优化,从而推动经济的健康、持续发展。居民消费结构对产业结构具有导向作用,合理的居民消费结构将使消费的领域增多,并且对产业结构优化、技术开发和新产品开发、新兴产业的迅速扩张及生产能力的迅速提高起到促进作用,能有效解决消费品市场的供求失衡问题。可见,合理的居民消费结构有利于充分利用优势资源,找到居民消费结构、产业结构与自然资源结构之间的最佳结合点,使三者能够协调发展,在不过度消耗自然资源的情况下实现居民消费结构的优化和升级,促进产业结构调整,最终实现经济的可持续发展。

在社会发展方面,合理的居民消费结构应能够保证居民消费质量的不断提高,促进享受型消费资料、发展型消费资料的消费支出比重的提高。合理的居民消费结构既要注意引导尽量做到社会公平,又要体现经济效率、体现消费差别,这样便于调动居民的积极性和创造性,实现公平与效益的统一;在消费的同时应保证人、自然、社会三者的和谐统一,既能使当代人消费与发展需要得到满足,又不影响后代人的消费需求,保证经济社会的可持续发展,这才能称之为合理的居民消费结构。

在人的发展方面,合理的居民消费结构首先应能满足居民日常的营养需要和保证营养平衡,有利于居民身体的健康发展。其次,能较好地满足人们多层次的需要,保证人的智力、体力充分而自由的发展。也就是说,在人的发展方面,合理的居民消费结构不仅能满足居民的物质和服务的需要,而且能满足居民的精神需要;不仅能使居民的生存需要得到保障,且更重要的是能较好地满足居民享受生活和个人发展的要求;不仅对居民的身心健康起到促进作用,且有利于居民素质的不断提高。

第六章 居民消费结构的理论阐释

消费结构是经济结构的重要组成部分，消费结构理论是消费经济理论的核心内容。随着经济的不断发展，对消费结构的研究越发重要。消费结构尤其是居民消费结构的状况直接反映着一个国家的宏观经济发展水平、消费者的消费水平，并在很大程度上揭示居民消费特点和消费发展趋势，同时在一定程度上还决定了各类消费的变动规律。因此，它既是社会经济发展的结果，又是制约社会经济发展的重要因素。这里，首先对居民消费结构的影响因素进行研究，同时分析这些因素是如何影响居民消费结构的；其次，对居民消费结构与产业结构、流通结构和收入分配结构之间的关系进行分析；最后，研究消费结构与经济增长之间是如何相互作用的。

第一节 居民消费结构的影响因素

研究居民消费结构，揭示其发展规律，探寻居民消费结构优化升级的理论依据，以提高居民消费水平，拉动经济增长，首先就要分析影响居民消费结构的因素。影响居民消费结构的因素很多，本书将从经济、社会、文化、环境、制度等方面加以研究，并分析居民消费结构是如何被这些因素所影响的。

一、经济因素

收入、价格、产业结构是影响居民消费结构的经济因素，也是影响居民消费结构的最重要因素。

（一）收入

居民要进行消费就要对其消费的商品有相应的支付能力，即要有一定的收入来实现其消费。居民日常生活消费需求的实现便形成了居民消费结构。因此，居民收入是影响居民消费结构最基本的因素。

由回归方程的系数可知，收入是影响城乡居民消费支出的最重要因素。城乡居民的边际消费倾向均为正值，说明随着收入的增加，城乡居民的消费支出都会增加。城乡居民的边际消费倾向数值分别为 0.727 和 0.757，也就是说，人均可支配收入每增加 1 元，城镇居民的消费增加 0.727 元，而农村居民的消费会增加 0.757 元，即提高居民收入水平有助于消费的增加，尤其是农村居民消费增加更多。

居民收入水平的变化会引起居民消费水平的变化，而居民消费水平的变化会使居民消费结构内部各项消费品支出的比例关系发生变化，即引起居民消费结构的变化。当人们收入水平较低时，人们的消费层次也较低，主要消费满足人们基本生存所需的生活必需品；随着收入水平的提高，人们的消费层次也会随之提高，消费满足人们基本生存需要的消费品比重会逐渐下降，而用于享受和自我发展的消费支出所占比重将明显提高。可见，随着收入水平的提高，即人们购买力提高，消费的层次也会提高，这必然导致居民消费结构向较高层次变化。这说明居民收入，特别是人均可支配收入的变化，会影响居民消费水平，进而影响居民消费结构。

（二）价格

在收入水平一定的条件下，消费者购买力的大小就直接取决于消费品的价格。当消费品价格总水平降低（提高）时，相等数量的货币能够购买到的消费品的数量就会增加（减少）或数量不变而质量提高（下降），从而引起居民消费结构发生变化。一般来说，某种消费品的价格上升，其需求会减少，同样消费也会减少；反之亦然。一种消费品价格上升，会引起人们减少此类产品的消费而增加其他的产品消费支出，从而引起居民消费结构中的各项消费支出比重发生变化。对于城乡居民来说，在收入一定的前提下，生存型消费对享受型和发展型消费品的消费具有"挤出效应"，即生存型消费品价格的上升会使享受型和发展型消费品的消费量有所下降。降低城乡居民生存型消费品的价格对于增加享受型和发展型消费品的消费量具有积极作用。享受型和发展型消费品的需求价格弹性比生存型消费品的价格弹性要大，即享受型和发展型消费品价格的小幅变动可引起其需求量的大幅变动。因此，通过对不同类型消费品价格的调整，可以达到调整居民消费结构的目的。

在一国存在通货膨胀的情况下，价格变动所产生的影响与一般情况有所不同。随着消费品价格不断上涨，人们持有的货币会不断贬值，由此人们都希望尽快将不断贬值的货币换成实物，以减少贬值所造成的资产缩水的影响程度，即当消费品价格上涨的幅度高于利息率时，人们会增加消费支出而减少储蓄。可见，在通货膨胀情况下，随着价格的不断上涨，居民的消费支出也会不断增加。这种情况虽与一般情况是背道而驰的，但其同样会影响居民的消费水平和消费结构。

控制通货膨胀、保持价格稳定是当前国家宏观调控的重点。在收入一定的前提下，可通过稳定生存型消费品的价格、降低享受型和发展型消费品的价格，来增加城乡居民的消费需求，尤其是增加居民对享受型和发展型消费品的需求，从而达到扩大内需、优化居民消费结构的目的。

（三）产业结构

产业结构决定居民消费结构，各产业产值占国内生产总值的比重对居民消费结构所处的层级有决定性的影响，且各产业内部的构成对居民消费结构的变化也有影响。随着科技的飞速发展，出现的各种新兴产业也会使居民消费结构中的生存型消费、享受型消费和发展型消费的比重有所改变。

各类消费品与三个产业的关系密切。其中，第一产业主要与居民食品、衣着消费相关，第二产业主要与家庭设备用品及服务、交通通信、居住消费相关，第三产业主要与医疗保健、交通通信、服务娱乐文化教育消费相关。

二、社会因素

社会因素对我国城乡居民消费结构也有一定影响。我们将从人口结构、消费习惯和消费心理这三个方面分析社会因素如何影响我国居民消费结构。

（一）人口结构

人口结构又叫人口构成，反映某一个国家或地区在某一时点上将人口总体按不同标志分组的数量比例关系，一般用百分比表示。人口结构对居民消费结构的影响是间接的。本书将从人口的城乡结构、人口的产业结构和年龄结构这三方面具体分析人口结构对居民消费结构的间接影响。

人口的城乡结构，即总人口中城镇人口与农村人口的比例关系。城市化水平是衡量一个国家或地区现代化程度的重要标志之一。城市化水平即城市化率的高低一般用城镇人口比重来描述，城市化率越高则经济发展水平和人均收入越高，从而居民消费水平和消费结构层级越高。加速农村城市化进程，转变农村居民生活方式，提高其消费水平，是促进居民消费结构优化升级的重要方面。因此，加快城市化进程，转移农村剩余劳动力，以提高劳动生产率，将有利于居民消费水平的提高和消费结构的优化升级。可见，人口的城乡结构是通过城市化水平而间接影响居民消费结构的。

人口的产业结构，即三次产业就业人数的比例关系。人口的产业结构是由三次产业所决定的，并随着三次产业的变化而变化。随着社会经济的发展，劳动力首先从第一产业向第二产业转移，当人均收入达到一定水平时，开始向第三产业转移。现代型的人口产业构成是第一产就业人数所占比重在15%以下，第二产业的就业人数比重稳定在35%，第三产业的就业人数比重达到50%以上。但与现代型的人口产业结构相比还有较大差距，第一产业就业人数比重过高，第三产业就业人数比重较低，这是由目前我国第三产业发展滞后所致。一个国家或地区经济发展水平的高低主要看其第三产业的发展情况，若第三产业发展水平较高，则能吸纳较多的劳动力，使国内生产总值和劳动者收入大幅增加，可以为提高居民消费水平和消费结构层级奠定物质基础。而第三产业科、教、文、卫的发展，可提高人口的文化素质和身体素质；人口素质的提高对第三产业的发展又具有推动作用，可以促进享受型和发展型消费的增加，为人们创造大量闲暇时间，促进人的全面发展和社会文明的进步。可见，人口的产业结构是通过对三次产业的影响而间接影响居民消费结构的。

人口的年龄结构，即一个国家或地区在某一时点上不同年龄组的人口数占总人口的比重。一方面，由于少年儿童、青壮年、老年人的兴趣爱好、需求等方面的差异较大，这必然使其消费水平和消费结构有所不同；另一方面，不同年龄段的人口对社会财富创造的能力和创造财富的多少也不同。一般而言，社会财富是由青壮年人口创造的，青壮年人口比重的大小将直接影响一国或地区经济发展水平和国民收入的大小，从而对居民消费水平和消费结构产生影响。现在国际上通行的老年人起点是65岁，一般用老年人口比重来衡量一个国家或地区是否进入老龄化。我国老龄人口明显增加，面临人口老龄化的巨大挑战。老年人不创造或创造较少的社会财富，若老年人口比重较高，则会降低一国或地区创造社会财富的能力，同时也会增加社会负担，这不利于一国经济发展和国民财富的积累，使人均国民收入水平下降，从而间接地对居民消费水平和消费结构造成不利影响。

（二）消费习惯和消费观念

消费习惯是人们在日常的消费过程中渐渐形成的一种固定的消费行为和风格。消费习惯受消费者的社会地位、职业、收入水平、年龄等因素的影响，一旦形成，便具有稳定性和渐进性，对居民的消费行为产生影响，进而影响居民消费结构。当前，我国正面临着转变经济增长方式、扩大内需的紧迫任务，了解居民的消费习惯，采取有效措施使之朝着有利于扩大消费、提高居民消费结构层级的方向转变，对促进经济健康、平稳发展具有重要意义。

勤俭节约是中华民族的传统美德。与西方国家相比，中国属于高储蓄、低消费的国家，居民的消费观念相对比较保守，尤其是我国农村居民。这种消费观念有着积极的一面，即有利于财富的积累，但同时也产生了消极的影响，致使我国居民消费长期不振，居民消费结构滞后，即享受型和发展型消费不足。转变传统的消费观念，增加健康消费、环保消费、绿色消费等，促进居民形成新的消费观念，有利于扩大内需，提高居民消费结构层次。但在扩大国内消费需求的同时，还要正确引导消费，树立可持续发展的消费观念，做到不盲目消费，不超前消费，使居民消费模式和消费结构在符合我国国情的情况下得到合理调整。

（三）消费心理

消费心理是消费者在消费实践过程中所产生的特定心理活动，是影响居民消费结构的重要因素。在一定的经济条件下，消费者的这种心理活动决定着消费者对消费品的选择。其影响过程是，消费者为了满足某种需要会产生消费某种商品的欲望，这种消费欲望可导致消费行为的发生，从而形成一定的居民消费结构。因此，研究城乡居民的消费心理，掌握消费者心理变化的因素，并对城乡居民心理进行有效引导，可以实现供需平衡，以达到提高居民消费水平、升级消费结构的目的。

三、文化因素

文化既是消费的客体，同时又对消费者的行为、居民消费模式和消费结构的变化具有重要影响。文化对居民消费结构的影响复杂，任何一种现实的居民消费结构，总是凝结着某种文化；反之，任何一种现实的居民消费结构背后总能折射出某种文化的影子。

随着文化产业的不断发展，文化消费在居民总消费支出中的比重就会不断提升，居民消费结构就会逐步改善。当前，我国科学技术、影视娱乐、教育文化、艺术等行业迅猛发展，并大量渗透消费领域，使人们的消费结构发生了变化，居民消费结构层次和消费质量有所提高。消费中的科技含量、文化含量提高，意味着居民消费结构中享受型和发展型消费所占比重增加，这有利于促进社会文明和社会主义市场经济健康、平稳、持续发展。

四、环境因素

人们的消费活动都是在一定的环境中进行的，因此消费环境的好坏必然对居民的消费产生影响，进而影响居民消费结构。消费环境包括自然环境和社会环境。

大自然是人类消费资料的主要来源。自然环境保护的程度决定着消费品是否能够可持续地供应；自然环境好坏决定着消费的质量高低。自然环境受到污染，将危及消费品的质量和消费者的身体健康。积极培育一个良好的自然环境，促进生态平衡，这不仅是消费领域的一项极为重要的任务，同时也是实现我国经济可持续发展的重要途径。2018年，国务院总理李克强在中国环境与发展国际合作委员会年会开幕式上讲话中指出，坚持生态文明建设，加快形成有利于节能环保的产业结构、生产方式和消费模式，要把加强生态环境建设作为扩大内需促进经济增长的重要措施。保护环境有利于提高居民消费质量、建立文明的消费模式，从而优化消费结构。绿色消费能提高消费的层次和质量，使居民消费结构与社会、经济、环境、科技协调发展。

人们的消费都不可能脱离社会环境而存在，在消费活动中，都要受各种社会因素的影响。正如马克思所说的，人们的一切活动都是社会的，都属于社会活动。社会风气和社会秩序等都会直接影响消费活动。社会风气好、社会秩序好、购买环境好，就会明显提高居民的消费量。如果社会风气不好，假冒伪劣产品泛滥，居民在消费过程中就缺少安全感、舒适感，从而抑制居民消费的增加，制约居民消费结构的升级。

总之，消费环境的好坏影响着居民的生存、享受和发展需要，决定着居民消费质量的高低，影响居民消费结构的层级。营造良好的社会环境和自然环境，是社会主义精神文明建设和生态文明建设的需要，有利于扩大消费需求和优化居民消费结构。

五、制度因素

制度包括经济制度、政治制度与法律制度、国家的方针与政策等。这些制度对居民消费结构的变化有着重要影响。

（一）经济制度

不同经济制度对居民消费结构的作用不同。计划经济体制压抑居民消费、注重积累。

在计划经济体制下,居民的收入水平普遍较低,消费主要是为了维持生存的需要,这就注定该体制下的生存型消费在居民总消费支出中占绝大比重,即属于以生存型消费为主的居民消费结构。而市场经济体制是促进居民消费,并且注重通过消费需求的满足来实现人的全面发展,则该体制下的享受型和发展型消费比重较高,即居民消费结构层次较高。这里,主要分析市场经济体制下对居民消费结构影响较大的现代产权制度和社会保障制度两大因素。

1. 现代产权制度。产权是以所有权为核心的权利束,包括占有权、使用权、收益权、支配权等。这些权利的配置和组合形成产权制度,其主要功能是降低交易成本,提高资源的优化配置。古典产权仅是生产资料所有者参与企业决策,企业唯一的经营目的是获利。现代产权制是很多权利所有者共同参与企业决策,企业运行的目的不再仅仅是为生产资料所有者赚取利润。现代产权制度是权、责、利高度统一的制度,其基本特征是归属清晰、权责明确、保护严格、流转顺畅。它是市场经济存在和发展的基础,是完善基本经济制度的内在要求。现代产权制度下,企业的决策是由生产资料所有者与劳动者、社会和政府等共同参与的,这可以从内在机制上避免劳动力价格过低的问题,同时要充分发挥工会作用,使劳动者和厂商的博弈建立在双方力量基本均衡的基础上,使工资的市场定价能够趋于合理化,从而有效缩小收入差距,防止收入分配两极分化,以提高全体居民的收入水平,扩大消费总需求,改善居民消费结构,达到促进经济增长、保持经济平稳较快发展的目的。

2. 社会保障制度。完善社会保障体系是社会保障健康发展的条件,其通过收入再分配机制调节不同群体的居民收入水平和生活水平,这对改善一国居民消费结构具有重要作用。完善的社会保障制度,可以减少人们对教育、医疗、养老等方面的后顾之忧,使人们减少储蓄,增加即期消费。而我国的社会保障制度尚不完善,居民的收入预期下降和支出预期上升,使得居民倾向于更多的储蓄,这是影响当前扩大内需、启动消费的主要制约因素。现期消费转为远期消费,客观上阻碍了居民消费结构的优化升级。因此,继续完善社会保障制度,通过加强保障和改善民生,稳定居民的消费预期,增强居民消费信心,提高社会对居民未来生活安全的保障能力,有利于逐渐减弱居民对未来支出的不确定心理,增加即期消费,达到扩大内需的目的。

(二)政治与法律制度

政治与法律制度主要是为居民消费提供一个安全的社会环境。政治体制改革的逐步深入与法律制度的健全和完善有利于维护社会稳定、维持市场秩序、规范企业行为、打击假冒伪劣、保障消费者权益等。这对扩大消费需求起到一定的促进作用,有利于居民消费结构的改善。

(三)国家的方针与政策

不同的方针、政策对居民消费的作用可能是制约或是促进。2008年金融危机重创世界经济,我国为了应对国际金融危机,采取扩大内需的政策,特别是为了增强消费对经济增长的拉动作用,出台了一系列鼓励居民消费的政策,比如"家电下乡""家电以旧换新""汽车下乡"、减征 1.6 升及以下小排量乘用车车辆购置税的政策，等等。"家电下乡"政策，通过政府提供补贴等方式，使农村地区的居民家电消费得到了明显增长；减征 1.6 升及以下小排量乘用车车辆购置税的政策使 2009 年中国的汽车销量大增。2010 年 1 月 11 日，由中国汽车工业协会正式发布的汽车产销数据显示，2009 年中国共生产了 1379.10 万辆汽车，销售了 1364.48 万辆，同比增长分别为 48.30% 和 46.15%。同年，美国新车销量为 1043 万辆，比 2008 年销量减少了 28 万辆。中国首次超越美国成为全球第一大汽车销售市场。

扩大消费的同时，为了提高居民消费结构层次，国家还对精神文化消费、绿色消费、旅游消费、假日消费、教育消费等，提供相应的配套政策，这将使享受型和发展型消费支出比重显著提高，促进居民消费的发展，尤其是有利于居民消费结构的调整。

第二节 居民消费结构与产业结构、流通结构、收入分配结构的相互关系

社会再生产过程包括生产、流通、分配、消费四个基本环节，它们相互衔接、相互联系，有机结合在一起。其中，消费是经济活动的最终目的，一切生产、流通、分配都是为了消费。同时，消费在整个经济运行中又具有承前启后的作用，只有消费实现了新一轮的生产、流通、分配才有意义；而消费又受生产、流通、分配的制约。近年来我国国内居民消费长期不足，经济增长主要靠投资和出口拉动。这种增长方式是不可持续的，只有扩大国内居民消费需求才能保证我国经济平稳、持续、健康发展。可持续的经济增长不仅是量的增长，更重要的是结构的调整。这里从结构的角度入手，分析居民消费结构与产业结构、流通结构、收入分配结构之间的相互关系。

一、居民消费结构与产业结构的关系

消费结构、产业结构是经济结构中较为重要的内容，两者之间存在一定的关联。对我国目前的经济现状而言，要促使经济进一步发展，必须处理好这两者之间的相互联系。居民消费结构的状况最终会折射到产业结构上，对产业结构的升级起到制约或促进作用。产业结构如何调整是在居民消费结构的引导下进行的，消费结构对产业结构优化升级起着关键性的作用。

库兹涅茨（S.S.Kuznets）于 1941 年在研究经济增长与结构变化的关系时认为，消费结构的变动直接推动生产结构的转换，而消费结构的变化是和经济总量的变化直接联系的。据此，我们可以得出：居民消费结构的升级带动产业结构的优化，从而进一步推动经济增

长。里昂惕夫（W.W.Leontief，1953）、克拉克（Kalecki，1962）、钱纳里（H.B.Chenery，1970）三位学者主要研究了消费结构与产业结构之间的关系，他们确定消费结构与产业结构之间有着密切的关系，而产业结构的优化升级会使国民收入增长，即产业结构的优化升级是消费结构影响经济增长的有效途径。郭守亭（2006）在研究消费结构的演变与经济增长的关系时指出，以消费结构的演变为依据，调整产业结构，对提高投资效率和转变经济增长方式、促进经济可持续发展和全面促进我国经济协调发展都具有重要的现实和理论意义。林白鹏（1987）认为产业结构和消费结构是两种相辅相成的经济要素，产业结构的变化是消费结构得以实现的物质基础，因此，产业结构只有适应消费结构的变化，才能从根本上解决生产与消费的矛盾，实现经济的有效增长。

消费是生产的目的和终点，消费结构决定产业结构。只有消费结构合理，才能推动产业结构的优化升级，而滞后的消费结构也会阻碍产业结构的优化。引导居民合理调整消费结构，有利于产业结构朝着合理的方向优化升级，从而实现经济的持续、有效增长。

同样，没有生产就没有消费，生产也制约着消费。生产消费品的数量和种类决定消费的数量和种类。产业结构决定产品结构，而产品结构从物质形态上又直接制约着消费结构。没有生产结构的变化，消费结构的变化也就没有物质基础。因此，离开生产去谈消费，离开生产结构或产业结构的调整去谈居民消费结构的变化，是没有意义的，也是不现实的。

二、居民消费结构与流通结构的关系

流通与消费之间是相互影响、相互作用的关系。流通作为中间环节，使得消费能够反馈到生产环节，消费的规模和速度制约着流通的规模和速度，消费是流通的目的和动机；同时，流通是消费得以实现的前提保证，消费的实现必须通过流通来完成。流通的速度影响消费的速度，而流通有利于提高消费水平、扩大消费规模。可见，流通应与消费协调发展，不仅要注重量的增长，更重要的是要使其内部各要素之间保持一定的比例关系。商品流通体系内各要素的内部构成及其比例关系就是流通结构。

商品流通结构有诸多不同的表现形式，归纳起来主要有流通所有制结构、流通行业结构、流通地区结构和流通技术结构。流通所有制结构是指流通部门的所有制构成比例；流通行业结构是指不同行业的劳动量在流通部门总劳动量的比重及各行业之间的比例关系；流通地区结构是指社会消费品零售总额在不同地区的分布比例；流通技术结构是指不同技术要素在流通领域的分布比重。由于商品流通领域各个行业之间的比例关系是商品流通内部的基本比例关系，加之本书主要研究的是居民消费结构，其与居民消费结构关系最密切的是流通行业结构，流通行业结构的合理化有利于商品流通结构与消费结构互相适应。所以，研究居民消费结构与流通结构的关系实质上研究的是居民消费结构与流通行业结构间的关系。

（一）商品流通结构对居民消费结构的影响

流通结构越合理则产品转化为消费的速度越快，而消费的实现又会推动新的需求产生，引起居民消费结构的变化。同时，流通结构的多元化可推动不同层次消费的实现，产生不同层次的居民消费结构。

我们主要从流通行业结构来分析商品流通结构对居民消费结构的影响。流通行业结构主要是由批发业及零售业、餐饮业及住宿业、仓储业、运输业和加工业等几大行业构成。批发业及零售业所占比重虽一直是最大的，但随着经济的发展，其比重逐渐下降，而加工业、餐饮业和其他服务业等行业所占的比重有所上升。可见，消费者在选择商品时的范围更大，对服务类商品的需求也日益增加，居民消费结构随之变化。

（二）居民消费结构对商品流通结构的影响

消费结构的变化，需要供给结构发生与之相适应的变化，而产品的实现需要流通来完成，流通结构的多元化才能适应不断变化的居民消费结构。随着经济的发展、居民生活水平的提高，消费结构不断变化，而商品的流通结构只有不断适应消费结构的变化，才能满足人们不断增长的物质需求。

改革开放以来，随着经济的快速发展，人民生活水平不断提高，居民消费结构中生存型消费支出比重下降，娱乐、服务、文化等消费支出比重逐渐上升。而在商品行业流通结构中比重较大的零售业，其商业业态为了满足不同消费群体的需要出现了多种形式，百货店、连锁店、超市、仓储式购物中心等应运而生，即居民消费结构的变化推动流通结构的多元化发展。

三、居民消费结构与收入分配结构的关系

收入分配结构是指国民收入在居民、企业和政府之间的分配，或是指收入在不同阶层、不同行业之间的分配。

收入分配结构对居民消费结构有一定的影响。我国计划经济体制时期收入分配结构的特点是均等化，加之经济较为落后，使得城乡居民消费结构基本一致，都是生存型为主的居民消费结构。随着经济体制的转型，经济取得快速发展，同时收入分配差距拉大。财富越来越多地集中在企业和政府手中，而工农大众的收入偏低。收入分配结构的不合理严重抑制了消费的增长。若社会大量财富集中在某一阶层或少数行业，则会使少数高收入居民消费结构层级较高，而大部分低收入居民消费结构层次较低。收入分配结构的失衡，造成我国贫富差距不断扩大，导致我国消费低迷、居民消费结构层级较低。一般而言，在增加相同收入的情况下，低收入者的消费增加量会高于高收入者，即低收入者的平均消费倾向高于高收入者。因此，只有收入分配结构公正合理，居民消费才能拉动，消费结构才能合理，经济增长才能持久。

同时，居民消费结构也会影响收入分配结构。在市场经济条件下，消费结构的变化会

迫使供给结构随之调整，进而影响生产结构；而生产结构的变化，一定会引起收入分配结构发生相应的变化。

第三节 居民消费结构与经济增长的关系

经济增长不仅是总量增加的过程，同时也是结构调整的过程。在居民消费结构与经济增长之间关系的研究中，很多学者通过研究消费结构对产业结构的影响来间接地研究消费结构对经济增长的影响。这里，笔者主要研究居民消费结构变动与经济增长之间有哪些传导因素，以及具体分析两者是如何通过这些传导因素相互影响的，即分别从消费需求、产业结构、收入分配三个方面着手，研究消费结构与经济增长之间的客观联系，着重阐述居民消费结构对经济增长的重要作用。

一、消费对经济增长的影响

拉动经济增长的因素有消费、投资和净出口。其中，消费是经济增长最重要的影响因素，它的增长构成了 GDP 的现实增长，即消费增加多少，GDP 就增加多少。消费的增加，有利于经济长期、健康、平稳地增长。通过消费、投资和净出口对经济增长的贡献率及拉动百分点来比较分析消费总量对经济增长的影响，其中某因素的贡献率 = 某因素增量 / 支出法国内生产总值增量；某因素的拉动百分点 = 国内生产总值增长速度 × 某因素的贡献率。

从消费、投资和净出口三大因素对 GDP 的贡献率来看，大体上消费总量的增长在经济增长中的贡献率远远超过投资的增长和出口的增长；而净出口受世界经济状况、主要贸易伙伴外汇政策、关税政策等影响具有不确定性，因此它对经济增长贡献率的波动较大。

我国的消费率低于世界平均水平，在世界各国中属于比较低的，甚至与很多发展中国家相比都有很大差距。这反映了我国长期以来居民消费不振，经济的快速增长主要靠投资和净出口拉动。其中，投资对经济增长的拉动作用受制于消费，也就是说，投资对经济增长的拉动作用只有在消费增加的前提下才能得到保障，即消费增加带动投资增加，从而带动经济的增长。中国改革开放 40 多年来，投资对经济增长的拉动很大，政府和市场解决投资所需资本的方式和途径，是影响经济增长的关键所在。由于受到世界经济形势和贸易伙伴国经济、政治等因素的影响，容易引起贸易摩擦，尤其是 2008 年世界金融危机后，贸易保护现象严重，导致我国出口受挫，同时以美国为首的很多国家要求我国转变出口导向型的经济增长方式。2009 年 7 月中美战略与经济对话举行时，我方承诺将转变经济增长方式，增强国内消费对经济增长的贡献率。

因此，在出口和投资双双下降的情况下，如何保证我国经济的高速增长成为众人关注的难题。经济学家普遍认为,通过扩大政府投资特别是加大政府对基础设施的投资力度,虽然可直接拉动经济增长,但这属于短期行为,短期内可能产生一定的效果,但将来仍然会出现内需不足的问题,经济仍将面临停滞的危险。从长远来看,要依靠消费,尤其是依靠居民消费来拉动经济;而消费结构是经济结构的重要组成部分,又是消费的核心内容,因此,居民消费结构的升级是扩大居民消费需求的重要方面,结构的优化升级有利于消费总量的增加,从而拉动经济的增长。2009年7月中美战略与经济对话举行时,我方承诺将通过实施促进消费的财政和货币政策,继续进行结构调整来保障消费在经济增长中的拉动作用。由此,要保证我国高速的经济增长,必须加快居民消费结构的升级。经济增长与消费结构升级两者互为因果、相互促进,经济增长是消费结构升级的基础,消费结构的升级反过来又能促进经济增长。

二、居民消费结构与经济增长之间的传导因素之一:消费需求

(一)居民消费结构—消费需求—经济增长

居民消费结构的升级是经济持久增长的内在动力。居民消费结构层级的提高,可使消费需求总量增加,使国内生产总值中消费所占比重提升,从而拉动经济增长。首先,优化居民消费结构能减少生存型消费在总消费中的比重,增加人们对享受型消费品、发展型消费品的消费,从而增加消费需求总量。我国从改革开放至2009年,城乡居民恩格尔系数都在不断下降,分别从57.5%和67.7%下降到36.51%和40.97%;同期居民消费总量从1759亿元,经过32年的时间,增加了68倍之多,这说明在居民消费结构不断优化的情况下,消费总量会随之增加。其次,居民消费结构的升级能扩大人们的有效需求,并且增加人们对高层次劳务消费的需求,以形成新的消费热点,增加消费需求总量,从而促进经济增长,形成消费与经济增长之间的良性循环。

(二)经济增长—消费需求—居民消费结构

经济增长是一定时间内一国或地区人均产出水平的持续增加。首先,经济的增长必然促使产品和劳务的增加,催生一些新的产业部门,出现一些新的产品,从而拓宽消费者的消费领域。其次,随着经济的增长、国民生产总值的增加,人们的生活水平会不断提高,购买力增加,居民对消费品的消费会增加,对消费品的质量和档次要求更高,对消费品的样式、功能等都也会有更高的要求,这必然推动居民消费结构的优化升级。

三、居民消费结构与经济增长之间的传导因素之二:产业结构

(一)居民消费结构—产业结构—经济增长

尹世杰认为,在经济发展的过程中,存在着消费需求导向规律。他提出,居民消费结构层级的不断提高,是产业结构不断发展的主要动力,进而使国民经济不断增长。产业

结构只有适应消费结构的变化，才能从根本上解决生产与消费的矛盾，实现经济的有效增长。

当居民消费结构层级提高时，消费品的档次也会随之提高，消费者的消费需求亦会趋于多样化、高级化，从而使产业结构向高级化的方向发展。产业结构是各产业的构成及其比例关系。产业结构状况是影响一个国家或地区经济增长的重要因素，是经济发展的动力。合理的产业结构是经济进一步发展的基础，将促使经济向更高水平发展，不合理的产业结构将阻碍经济的增长。当一国或地区产业结构的重心由第一产业向第二产业和第三产业逐渐转移时，表明一国产业结构日趋合理、经济发展水平正由低向高转变。从我国各产业的发展对 GDP 的贡献率来看，从 20 世纪 90 年代至今，第二产业对经济增长的贡献最大，贡献率超过了 50%；第一产业对 GDP 的贡献率从 41.74% 骤降至 2009 年的 4.5%；第三产业对 GDP 的贡献率从 17.32% 快速上升至 2009 年的 42.9%，但仍低于第二产业对 GDP 的贡献率。这说明从 20 世纪 90 年代初至今我国主要依靠第二产业来拉动经济增长。因此，优化产业结构，加速发展现代服务业是我国经济持续、健康、快速发展的关键。产业结构的优化能够使资源得到更有效的、更合理的配置，从而促进经济增长。而产业结构的调整受到消费结构的影响和制约，我国城乡居民消费支出比重中，第一、第二产业产品消费比重较高，第三产业产品消费比重较低。可见，滞后的产业结构与居民消费结构的不合理是分不开的。消费反作用于生产，产业结构的调整受制于消费结构的变化。只有居民消费结构升级才能推动产业结构的升级。居民消费结构的合理调整，有利于引导产业结构的优化和升级，进而推动经济持续、平稳、健康发展。

就我国目前的经济现状而言，要促使经济进一步发展，必须处理好消费结构和产业结构之间的关系。产业结构的调整和升级，最终是受居民消费结构制约的。居民消费结构的变动引导着产业结构的变动与发展，消费结构对产业结构的变动和优化升级起着主导性的推动作用。居民消费结构合乎规律的调整，有利于引导产业结构的调整和升级，从而使经济实现持续、有效增长。

（二）经济增长—产业结构居民消费结构

随着经济的增长，GDP 中第一产业所占份额会不断下降，第二、第三产业的份额会逐步上升。我国产业结构的发展过程基本符合产业结构的演变规律，由 20 世纪 80 年代的一产＞二产＞三产，逐渐演变为二产＞三产＞一产，但第三产业仍然滞后，还未形成三产＞二产＞一产的态势，与发达国家的产业结构相比仍然存在较大差距。

产业结构影响着居民消费结构，生产的数量和种类决定了消费的数量和种类。在计划经济体制下，全社会的产品统一生产、统一分配，这种情况下居民消费结构是由产业结构决定的，消费结构只能被动地适应产业结构。但在市场经济条件下，随着经济的发展，第三产业所占比重会不断增加，会出现新的产业部门和新的消费品或服务，居民对服务消费的需求会随之增多和扩大，从而使消费结构中服务支出的比重上升，居民消费结构得以升级。

四、居民消费结构与经济增长之间的传导因素之三：收入分配

（一）居民消费结构—收入分配—经济增长

不同的居民消费结构对应着不同的产品供给结构，当消费结构发生变化时，产品的供给结构也会随着发生变化，引起生产部门的变化，进而影响收入分配结构。

收入分配的结构和收入分配差距将会影响全社会财富积累的数量、结构和效率，从而对经济产生根本性的影响。我国的收入分配结构中，政府和企业所占比重远高于居民收入的比重，这对一国的经济增长是非常不利的。一般而言，政府支出对经济增长的拉动作用远低于居民消费支出的拉动作用，并且政府支出会对居民消费支出产生"挤出效应"。因此，收入分配结构中政府所占比重过高，不利于经济的持续增长。当收入分配结构中，企业所占比重过高时，即企业手中掌握着社会较多财富时，企业会将大量的收入用于投资，这势必造成资本边际收益递减、投资效率低下，从而不利于经济的有效增长。若社会财富过多地集中于少数富人手中，当收入分配差距过大时，低收入阶层的生活质量就难以提高，购买力会被抑制，导致社会有效需求不足，从而削弱经济增长。

（二）经济增长—收入分配—居民消费结构

在经济不断增长时，收入分配情况会发生变化。在经济发展比较落后的情况下，为了提高整个社会的效率，允许一部分人先富，收入分配差距会扩大。收入分配差距是经济发展过程中不可避免的一个环节。但当经济发展到一定程度时，就要让先富的带动后富的，以缩小这种差距，使收入分配合理化，最终实现共同富裕。从1978年到2009年，人均GDP从381元增加到25575元，增加了66倍；我国城乡居民人均可支配收入和人均纯收入分别增加了49倍和37倍；城乡居民的收入差距从209.8元扩大到12021.48元，差距扩大了57倍之多，这一系列数据说明改革开放以来，我国经济取得了巨大的成就，人民收入水平显著提高，但与此同时，城乡居民收入分配差距也明显拉大，且有进一步扩大的趋势。中国劳动学会薪酬专业委员会会长苏海南指出，当前，无论是从深化收入分配制度改革的政治基础看，还是从民意和解决问题的紧迫性看，都到了必须下决心的时候了。

而不同的收入分配会产生不同的消费结构，合理的收入分配有利于消费结构的合理化，否则会抑制消费的有效增长，造成消费需求的下降，从而导致消费结构的层次较低。在收入增加的情况下，居民的购买力会提升，对消费品的档次和质量要求也会随之提升，这必然促使消费结构向较高的层级迈进。一般情况下，高收入者的消费结构优于中低收入者。不合理的收入分配会抑制居民消费结构的升级。当居民收入较低时，其更多的是考虑如何解决吃、穿的问题，其他消费品虽有需求但无购买力，此时的消费结构层级最低。随着居民收入的提高，其用于满足基本生存需要的消费支出比重会不断下降，而用于享受生活和个人发展的消费支出所占的比重会逐步提高。较大的收入差距会影响居民消费水平和消费结构。从1978年到2009年，城镇居民人均生活消费支出从311.16元增加到12264.05元，

增加了 38 倍；农村居民人均生活消费支出从 116.1 元增加到 3993.45 元，增加了 33 倍；城乡居民恩格尔系数也分别从 57.5% 和 67.7% 下降到 36.52% 和 40.97%。这表明随着经济的发展、人均收入的提高，居民的购买力在增加，消费水平会随之提高；但由于城乡居民之间的收入水平差距仍然较大，因此农村居民消费结构仍落后于城镇居民消费结构。

我国收入分配的差距除了城乡差距之外，还有不同行业之间的收入分配差距、不同地区之间的收入分配差距等，过大的收入分配差距会导致有效需求不足。在经济发展初期让一部分人先富，适当地扩大贫富差距对经济发展是有利的，但当经济发展到一定程度时，已富的就要带动未富的，应千方百计地缩小这种差距，以达到扩大消费需求的目的。当收入分配差距过大时，会抑制消费需求总量的增加，进而抑制居民消费结构的升级，只有合理的收入分配才有可能产生合理的有效消费，形成合理的居民消费结构。

居民消费结构与经济增长相辅相成，两者通过消费需求、产业结构、收入分配三大传导因素相互作用、相互影响。

第七章 基于ELES模型的居民消费结构静态分析——截面数据

消费可以拉动经济增长，既是社会再生产的终点，又是社会再生产的起点，是经济持续增长的最终牵引力。本章运用ELES模型对居民消费结构进行实证分析，进而探明消费结构变化趋势和规律，深入了解消费需求和价格因素对居民消费结构的影响，从而针对性地提出提升居民消费品质，优化居民消费结构的合理建议。

第一节 扩展线性支出系统模型

扩展线性支出系统（Extended Linear Expenditure System，ELES）模型是在线性支出系统模型（LES）基础上发展起来的。ELES模型在需求分析中有着广泛的运用。人们不仅运用该系统进行居民消费结构分析，而且进行消费需求的收入弹性和价格弹性分析，以此为政府的相关经济政策提供科学的实证依据。

一、线性支出系统模型（LES）

1954年英国著名经济学家、诺贝尔经济学奖获得者R·斯通（R.Stone）以1947年克莱因（Klein）和H·鲁宾（H.Rubin）提出的效用函数为基础，提出了需求函数的线性支出系统（Linear Expenditure System，LES）。它具有直观、合理的经济解释，并且能够满足消费需求函数的所有理论特性，是一个被广泛应用的需求函数模型系统。

二、模型的经济意义

当前，国内外学者对居民消费结构的实证研究主要运用恩格尔系数和线性支出系统模型。1857年，世界著名的德国统计学家恩斯特·恩格尔阐明了一个定律：当居民收入增加时，收入中食品消费支出在生活消费总支出中的比例将逐渐减小，这就是恩格尔定律，反映这一定律的系数被称为恩格尔系数。恩格尔定律和恩格尔系数是显示和分析居民消费结构变动趋势的一种有效工具。恩格尔系数作为衡量居民消费结构的指标，只能揭示食品支出和居民收入之间的相关关系，没有考虑消费需求和价格因素对居民消费结构的影响，这在应用时有一定的局限性。而扩展的线性支出系统（ELES）可以直接运用截面资料对参数进行估计，从而对边际消费倾向、基本消费支出、需求的收入弹性和需求的价格弹性进行分析，即考虑了价格变动对居民消费结构的影响，可以在没有价格资料的情况下利用居民截面收支数据资料对需求的价格弹性进行分析。在分析出居民消费结构中各项消费品的边际消费倾向及其弹性等变动情况之后，便有助于确定最终居民消费结构的优化途径问题。由此可见，扩展线性支出系统模型考虑了消费需求和价格因素对居民消费结构的影响，把居民的各项消费支出看作是相互联系、相互制约的行为，从而能够全面反映居民消费结构的各项指标。因此，笔者认为扩展线性支出系统（ELES）是目前比恩格尔系数法更为先进的一种研究居民消费结构的实证分析方法。本章采用截面数据，利用扩展的线性支出系统模型（ELES）对我国城乡居民消费结构进行静态分析，以说明我国居民消费结构在当前的状态及特征。

第二节 居民消费结构比较分析

在对扩展的线性支出系统模型公式及其经济意义进行简单介绍之后，本书首先采用 ELES 模型对我国居民消费结构所呈现的状态以截面数据为基础进行静态研究，分析各项消费品的基本消费支出、边际消费倾向、需求的收入弹性和需求的价格弹性。由于国家统计局《中国统计年鉴》中把消费品分成了八大类：①食品；②衣着；③居住；④家庭设备用品及服务；⑤医疗保健；⑥交通通信；⑦教育文化娱乐服务；⑧杂项商品与服务。因此，对居民消费结构进行分析时，本书都采用此种分类标准进行分析。

一、数据的选取及 ELES 模型的参数估计

本部分将采用 2008 年城镇和农村居民的各项消费品支出的截面数据，分别对城乡居民消费结构情况进行研究。其中，城镇居民被划分为最低收入户、低收入户、中等偏下户、中等收入户、中等偏上户、高收入户和最高收入户 7 类；而由于农村居民的收入差距要小于城镇居民，所以农村居民只被划分为低收入户、中低收入户、中等收入户、中高收入和高收入户 5 类。因此，笔者就以不同收入户为样本，利用扩展的线性支出系统模型对城镇和农村居民消费结构情况分别进行实证研究。

二、居民基本消费支出及其结构

大多数学者在研究居民消费结构时都把居民的消费资料分为生存资料、享受资料和发展资料。其中，生存资料是维持劳动力简单再生产所必需的生活资料，这是人们最基本的消费资料；享受资料是满足人们享受需要的生活资料，对人身心健康有重要的作用；发

资料是发展人们体力智力所需的生活资料。享受资料和发展资料是较高层次的消费资料，人们在满足了生存需要后，会逐步要求满足享受和发展的需要。根据这一划分方法，大多数学者都将食品、衣着、住房归为生存资料，而把其余五类归为享受和发展资料。本章运用的是 ELES 模型，根据模型的构成形式，将居民的每一种生活消费品的消费支出都分为满足基本需求的自发消费和满足享受、发展需要的引致消费两部分。其中自发消费是不受收入水平影响的，居民在自发消费得到满足后，追加的引致消费主要是为了提高生活质量，这部分消费取决于居民收入水平的高低。该划分方法认为，居民八大类生活消费品中每一类消费品的消费支出都包括两部分：一部分是为了满足自身基本需要的自发消费，而另一部分是为了提高生活质量、满足居民享受和发展需要的引致消费。此方法主要是从 ELES 模型的构成来考虑的，而本书中未用 ELES 模型来分析居民消费结构的章节均采用的是学术界普遍采用的生存型消费品、享受型和发展型消费品的分类方法，主要是由于该分类方法划分明确、易于分析和说明问题。

（一）城镇居民的基本消费支出及其结构情况

1. 基本消费支出情况。城镇居民基本消费总支出为 4953.37 元。2008 年中国统计局对全国城镇居民家庭中的 64675 户进行了抽样调查，其中 6353 户的人均消费性支出为 4532.88 元，比全国平均水平少了 400 多元。可见，在城镇居民家庭中有近 10% 的居民未达到城镇居民基本消费支出的平均水平，这部分居民的消费层级最低。

从各项消费品的基本消费支出来看，食品的基本消费支出为 2642.42 元，有 38815 户城镇居民家庭的此类消费支出低于该值，占到总调查户的 60% 左右；衣着的基本消费支出为 529.44 元，有 6353 户居民家庭低于该值，占到总调查户的 10% 左右；居住的基本消费支出为 552.05 元，有 3136 户居民家庭低于该值，占到了总调查户的 5% 左右；家庭设备用品及服务的基本消费支出为 206.21 元，有 6353 户居民家庭低于该值，占到了总调查户的 10% 左右；医疗保健的基本消费支出为 420.22 元，有 6353 户居民家庭低于该值，占到了总调查户的 10% 左右；而交通通信、教育文化娱乐服务、杂项商品与服务的基本消费支出分别为 143.67 元、374.77 元和 84.60 元，城镇居民中所有调查户的这三类消费品的消费支出均高于这些数值。

2. 基本消费占实际消费的比重。城镇居民基本消费总支出占实际消费总支出的 44.06%，即城镇居民的实际生活消费支出中用于自发消费的支出只有 44.06%，而用于引致消费的支出占到了近 56%。这说明实际消费支出中用于满足享受和自身发展的引致消费支出多于用于满足基本需求的自发消费支出。可见，城镇居民已进入注重生活质量提高和生活品位提升的阶段。

而城镇居民各项消费品的基本消费支出占其实际消费支出的比重中，最高的是食品消费项，比重为 62.03%，其基本消费支出与实际消费支出的差距比其他类消费品的差距相对较小。这反映了食品类消费的需求弹性较小，属于缺乏弹性的消费品。医疗保健、居住的基本消费支出占其实际消费支出的比重次之，分别为53.45%、48.20%，这主要是由于近年来医疗和房价过高，居民不得不用更多的钱来支付基本的医疗和居住费用。而交通通信的基本消费支出占其实际消费支出的比重最低，仅为10.14%，这说明交通通信方面的实际消费中只有10.14%是基础性的自发消费，而近90%是满足居民自身享受和发展的引致需求。

3. 基本消费支出结构。在城镇居民的基本消费支出中，食品支出的比重占到了53.35%；居住支出的比重次之，为11.14%；衣着支出的比重紧跟居住支出之后达到了10.69%。这说明食品、居住、衣着在居民的基本需求中占有重要地位。整体来看，各项消费品的基本消费支出占基本消费总支出的比重大小依次是食品、居住、衣着、医疗保健、教育文化娱乐、家庭设备用品及服务、交通通信、杂项商品与服务。这说明居民对食、住、衣的消费主要是为了满足居民自身生存的需要，而对其余消费品的消费主要是为了提高生活质量、满足居民享受和自身发展的需要。

（二）农村居民基本消费支出及其结构情况

1. 基本消费支出情况。农村居民基本消费总支出为2536.63元。2008年中国统计局对全国农村居民家庭中的68190户进行了抽样调查，其中低收入户的人均纯收入仅为1499.81元，远低于农村居民的基本消费支出额。可见，这部分农村居民家庭的基本生活得不到保障，需要政府和社会的帮助。政府需制定合理的最低生活保障标准来维持此部分居民的基本生活需要。

从各项消费品的基本消费支出来看，农村居民在食品上的基本消费支出最多，为1262.54元，其次是居住的基本消费支出为393.72元，其余依次为交通通信、文教娱乐用品及服务、医疗保健、衣着、家庭设备用品及服务。文教娱乐用品及服务的基本消费支出位列第四。这说明农村居民在食、住、行这三个基本消费得到满足的情况下，对文化教育的重视程度很高，并且由于我国教育费用不断上涨，造成农村居民在基本教育服务需求方面的支出较大。食、衣、住是人类生存最基本的保障，但我国农村居民在衣着方面的基本消费支出较低，这反映农村居民更注重食品消费，对穿着要求甚低。

2. 基本消费占实际消费的比重。农村居民基本消费总支出占实际消费总支出的69.29%，即农村居民的实际生活消费支出中有近七成都是用于满足基本需求的自发消费，而用于提高生活质量的满足享受和自身发展需要的引致消费只占到了三成，即农村居民实际消费支出主要是为了满足自发消费。这说明农村居民消费的基础性程度较大，居民消费结构层次相当低。

农村居民的各项消费品的基本消费支出占其实际消费支出的比重中，最高的是食品消费项，比重为78.97%，其余各项消费品的基本消费支出占其实际消费支出的比重均超过了50%。这说明农村居民在生活消费的各方面都处于满足基本需要的自发消费状态，引致消费非常少，这主要是因为农村居民收入水平太低。

3. 基本消费支出结构。在农村居民的基本消费支出结构中食品支出的比重占到了49.77%，食品支出占到了基本消费支出比重的一半，说明食品是最重要、最基本的需求。居住支出的比重次之，为15.52%。食品和居住这两项支出比重之和达到了65%，这说明农村居民的自发消费中有65%用于食品和住房消费。

（三）城乡居民基本消费情况比较

城镇居民基本消费总支出占实际消费总支出的44.06%，而同期农村居民基本消费总支出占实际消费总支出的69.29%；农村居民的各项消费品的基本消费支出占其实际消费支出的比重均超过了50%，而城镇居民的基本消费支出占其实际消费支出的比重超过50%的只有食品和医疗保健。这些数据足以说明，目前农村居民的消费支出还是以满足基本生活保障的自发消费为主，而城镇居民的引致消费多于自发消费，用于满足享受和自我发展的消费较多。可见，农村居民消费结构明显滞后于城镇居民，城乡居民消费层次差距较大。

城镇居民各项消费品的基本消费支出占基本消费总支出的比重大小依次是食品、居住、衣着、医疗保健、教育文化娱乐、家庭设备用品及服务、交通通信、杂项商品与服务；而农村居民依次是：食品＞居住＞交通通信＞文教娱乐用品及服务＞医疗保健＞衣着＞家庭设备用品及服务＞杂项商品与服务。民以食为天，不管是城镇居民还是农村居民，在基本需求方面食品均是最重要的消费需求。受"居者有其屋"传统思想的影响，城乡居民在居住方面的基本消费支出均在食品之后位列第二。各项消费品的基本消费支出占基本消费总支出的比重在城乡居民中排名差距较明显的是衣着的基本消费支出比重和医疗保健品的基本消费支出比重，城镇居民的这两项排名均靠前，而农村居民这两项的排名均靠后，可见，城镇居民比农村居民更注重穿着和保健方面。另外，农村居民由于受到收入、生活环境诸方面的限制，他们在耐用消费品的购买上仍然缺乏动力。

三、居民边际消费倾向

凯恩斯认为，收入和消费存在这样的关系，即随着收入的增加，消费也会增加，但是收入的增加大于消费的增加。而增加的一单位收入中用于增加的消费部分的比率，称之为边际消费倾向。

通过对各类消费品的边际消费倾向的分析，可了解居民在自发消费得到满足的前提下，用于引致消费的消费投向。若各类消费品的边际消费倾向发生变化，则居民消费结构就会相应的变化。以此可分析居民消费结构的变动方向，为消费结构的优化升级提供参考依据。

（一）城镇居民的边际消费倾向

按边际消费倾向大小排序，各项消费支出依次为食品、交通通信、娱乐教育文化服务、衣着、居住、家庭设备用品及服务、医疗保健、杂项商品与服务；边际消费倾向依次为0.145、0.121、0.092、0.058、0.055、0.045、0.033和0.032。在各项消费品的边际消费倾向中，食品、交通通信和教育文化娱乐服务这三项的边际消费倾向远高于其余几项。可见，当收入增加时，城镇居民在自发消费得到保障的情况下，增加引致消费时，首先会注重食品的丰富化、饮食的科学化，以改善营养水平，提高饮食质量。其次，由于便利的交通使我们的生活变得更方便，快捷的通信使人与人之间的沟通变得无障碍，这使得城镇居民对此项消费的支出较大，其边际消费倾向位居食品之后。可见，交通产业和通信信息业已深入居民的日常生活中，对居民的生活影响越来越大。同时，市场经济强化了人们的时间观念和信息观念，家庭轿车、手机、电脑等交通通信工具成为城镇居民消费的热点，城镇居民越来越注重交通通信等物质消费的享受，交通通信业有良好的、广阔的市场前景。除了吃和行之外，城镇居民已将教育和精神文明建设放在重要位置，其边际消费倾向位居第三。这说明随着收入水平的提高，城镇居民在物质消费得到一定满足后，越来越重视自身文化素质的提高及子女教育的培养，在满足基本教育支出之后，仍会在教育文化方面有较大的、额外的支出，特别是随着社会就业竞争的加剧，一些在职、在岗、下岗人员，为了加强自身竞争力，不断进行知识更新，以使自己在未来的竞争中处于有利地位，因此城镇居民对教育的需求在不断扩大。衣着、居住、家庭设备用品及服务这三项消费品的边际消费倾向紧随其后。城镇居民的衣着消费在满足基本保障的情况下，更加注重追求时尚、高档次的服装。另外，随着居住条件的改善，家庭设备用品及服务的需求层次也在不断提高。而医疗保健支出的边际消费倾向最低。这一方面可能是城镇居民享受公费医疗或是参加医疗保险人数较多的原因，也可能是居民的医疗保健意识不强烈，导致此项消费的引致消费不足。

（二）农村居民的边际消费倾向

农村居民总的边际消费倾向为 0.49，这说明农村居民在满足基本的消费需求之后，每增加 1 元的收入，就有 0.49 元用于增加引致消费，而剩余的 0.51 元用于储蓄。

按边际消费倾向大小排序，各项消费支出依次为食品、居住、交通通信、文教娱乐用品及服务、医疗保健、衣着、家庭设备用品及服务、其他商品与服务；边际消费倾向依次为 0.147、0.124、0.067、0.054、0.031、0.029、0.026 和 0.012。在各项消费品的边际消费倾向中，食品、居住的边际消费倾向远高于其余几项。可见，当收入增加时，农村居民增加的收入主要用在食品和居住的引致消费上。引致消费中首先会注重食品的丰富化、饮食的科学化，以改善营养水平，提高饮食质量。其次是居住，农村居民没有住房公积金，租房居住也不方便，他们的住房基本是靠自身的力量解决，目前住房仍然是农村居民消费的一个主要内容，一旦收入提高，农村居民会改善其居住条件。紧随食品和居住之后的边际消费倾向大小依次是交通通信、文教娱乐用品及服务和医疗保健。一方面，随着劳动力的转移，大量农民工进入城市就业，即农村居民异地工作的人数越来越多，但其亲人仍居住在农村，因此其花在与家人联络或回家探亲方面的交通通信费用就会大幅增加。另一方面，随着手机、电脑等通信工具价格及使用费用的降低，手机、电脑等开始进入大量的农村家庭并将逐渐普及。这使得农村居民对此项消费的支出较大，其边际消费倾向排名第三，位居食品、居住之后。可见，交通产业和通信信息业已深入农村居民的日常生活中，对农村居民的生活影响也越来越大。在居民的吃、住、行这些人类最基本的问题得到保障并且不断改善的情况下，居民的精神文明建设仍是重点。农村居民的文教娱乐及服务的边际消费倾向位列第四，在吃、住、行之后。可见，农村居民对教育依然很重视。紧随文教娱乐之后的是医疗保健。而农村居民的衣着支出、家庭设备用品支出的边际消费倾向比较小，排在第六、第七位，这与这两项的基本消费支出比重的排名情况一致。衣着的基本消费支出比重在基本消费总支出中的比重过低及其边际消费倾向较低，这主要与农村居民长期形成的消费习惯相关。因此，要优化农村居民消费结构，主要是增加消费水平，同时注重改变消费习惯，提高收入水平。农民在购买耐用消费品方面，引致消费不足，有待进一步提高。

（三）城乡居民边际消费倾向的比较

在总的边际消费倾向方面，城镇居民的总边际消费倾向高于农村。这一方面说明城镇居民的生活水平高于农村，其增加的收入中用于追加享受和自身发展的引致消费较多；另一方面说明农村居民的储蓄率高于城镇居民，这可能是因为农村居民对未来的收入具有较大的不稳定性，也可能是农村居民的医疗、教育和养老等社会保障不如城镇居民，并且其对潜在的支出预期较高，因此更倾向于把钱存起来以防患风险或备将来之用，从而引致消费较少。要想增加农村居民的消费支出，首先要使其医疗、教育和养老得到保障，以解除其后顾之忧，方可增加农村居民的引致消费，其消费结构才会得到优化升级。

城乡居民的各项消费品的边际消费倾向均为正值，说明随着收入的增加，城乡居民的各项消费品的消费支出都会增加。可见，提高居民收入有助于消费的增加。另外，城镇居民的增加幅度大于农村居民；城乡居民对各项消费品消费的侧重点不同，尤其是在衣着、居住和医疗保健这三项的排名差异较大，其余几项排名基本一致。

食品的边际消费倾向方面，不管是城镇居民还是农村居民，其边际消费倾向在八项消费品的排名中都是最高的，说明虽然我国恩格尔系数不断下降，而居民在保证基本消费支出的情况下仍把食品作为主要消费项目，但其饮食结构发生了很大的变化，对食品的类别、质量和营养的要求越来越高。

在衣着的边际消费倾向方面，城镇居民衣着的边际消费倾向排名第四，而农村居民衣着的边际消费倾向排名第六。这说明，城镇居民的衣着消费在满足基本保障的情况下，更加注重追求时尚、高档次的衣服，而农村居民由于长期形成的消费习惯，在基本衣着消费满足的情况下，不太注重对衣着的时尚和品牌的追求。但在一些经济较发达地区的农民已逐渐改变对衣着的消费习惯，开始追求时尚、新潮的衣着了，可见农村居民在衣着方面的引致消费可增加的空间较大。政府在提高农村居民收入水平的同时还应注重改变其消费观念。

居住的边际消费倾向方面，农村居民的边际消费倾向排名第二，而城镇居民的边际消费倾向排名第五。这可能是因为与城镇居民相比，农村居民没有住房公积金，并且在农村租房居住也不方便，他们的住房基本上是靠自身的力量解决的缘故。

医疗保健方面的情况与住房类似，也是农村居民在医疗保健的边际消费倾向排位高于城镇居民的排名,这主要是由于城镇居民享受公费医疗和参加医疗保险的人数及比例高于农村居民。

上述从实证的角度说明了影响居民消费水平和消费结构的因素不只是收入,居民的消费观念和政府在教育、医疗、住房、社会保障等方面的相关政策也是很重要的影响因素。

四、居民消费需求的收入弹性

(一)城镇居民消费需求的收入弹性

从城镇居民消费需求的收入弹性系数来看,城镇居民的 8 项消费品的收入弹性均为正值。这说明当收入提高时,城镇居民对各类消费品的消费支出都会增加,只是增加的幅度不同。随着收入的增加,8 项消费品消费支出增加的幅度大小依次为交通通信、杂项商品与服务、教育文化娱乐服务、家庭设备用品及服务、衣着、居住、医疗保健、食品;收入弹性大小分别为 1.347、1.207、1.069、1.026、0.785、0.758、0.662、0.537。其中,交通通信、杂项商品与服务、教育文化娱乐服务、家庭设备用品及服务 4 类消费品的消费需求的收入弹性都大于 1,说明城镇居民收入的增长速率低于他们对这些消费品消费支出的增长率。其中交通通信的收入弹性最高,为 1.347,即在价格不变的情况下,居民收入每增加 1%,则引起交通通信的消费增加 1.347%,这与交通通信的边际消费倾向较高是一致的。21 世纪是信息化时代,交通设备和通信工具在某种程度上可缩短人与人之间的时间和空间距离,使人与人之间的沟通更加便利;同是在信息化时代,谁掌握了信息、把握了时机,谁就有话语权。由此可见,手机、电话、电脑、汽车等这些可缩短时空距离的交通设备和通信工具对城镇居民生活和工作的影响是不言而喻的,从而使得这类消费品的消费支出增加幅度大于居民收入增加幅度。教育文化娱乐服务和家庭设备用品及服务这两类消费品的收入弹性略大于 1,说明这两类消费品的消费支出增长幅度与收入增长幅度基本一致。衣着、居住、医疗保健、食品 4 类消费品的收入弹性均小于 1,这说明城镇居民对这 4 类消费品的消费支出变动幅度小于收入的变动幅度,即对收入变化不敏感。其中,居民对食、衣、住的消费主要是自发消费,受收入的影响较小;而医疗保健的收入弹性倒数第二,这正好印证了保健品的边际消费倾向较低,究其原因仍是城镇居民享受公费医疗或是参加医疗保险人数较多,故而此项消费受收入的影响较小,但在保健品方面,随着城镇居民收入提高和保健意识的增强,这方面的消费具有很大的潜力。各项消费品的收入弹性中,食品的收入弹性是最低的,仅为 0.537,这与恩格尔定律是一致的,即随着收入的增加,食品消费在总消费支出中的比例呈现不断下降的趋势。这从另一个角度说明城镇居民消费结构在不断升级,符合居民消费结构的演进规律。

(二)农村居民消费需求的收入弹性

从农村居民消费需求的收入弹性系数来看,农村居民的 8 项消费品的收入弹性均为正值,这说明当收入提高的时候,农村居民对各类消费品的消费支出都会增加,只是增加的幅度不同。随着收入的增加，8项消费品消费支出增加的幅度均小于1，缺乏弹性。其弹性系数从大到小排名为交通通信、居住、文教娱乐用品及服务、其他商品与服务、家庭设备用品及服务、衣着、医疗保健、食品；收入弹性大小分别为0.867、0.87、0.817、0.745、0.711、0.652、0.600、0.438，即农村居民对各类消费品的消费支出变动幅度均小于收入的变动幅度。可见，农村居民不论收入高低，其消费支出都较小，即整体消费较弱。其中，交通通信、居住、文教娱乐用品及服务、其他商品与服务、家庭设备用品及服务5类消费品的消费需求的收入弹性都大于0.7，说明随着收入水平的增加，居民对这几类消费品的消费需求较为迫切，其消费潜力较大，通过增加农村居民的收入水平，可扩大这5类消费品的消费。衣着、医疗保健、食品3类消费品的收入弹性与前5类相比较小，都在0.5左右，缺乏弹性，说明食品和衣着都是日常生活中所必需的，而且农村居民的温饱已基本解决，目前这些消费品的基本消费需求已基本稳定，收入水平的变化对其影响较小。医疗保健的收入弹性较低，一方面说明医疗费用较高，很多农村居民形成了有病不敢医的情形，加之农村居民的收入水平本来就较低，因此，即使收入增加，农村居民在医疗保健方面的消费增加的幅度也不会很大；另一方面，可能是农村居民的保健意识不强所致。食品的收入弹性是最低的，低于0.5，仅为0.438，这也符合恩格尔定律，即随着收入的增加，食品消费在总消费支出中的比例呈现不断下降的趋势，说明农村居民消费结构虽层级较低但也在不断升级。

（三）城乡居民消费需求的收入弹性的比较

总的来看，农村居民各项消费品消费需求的收入弹性均小于1，而城镇居民有4项消费品消费需求的收入弹性大于1。与城镇相比，现阶段农村居民消费整体较弱，消费结构虽有所升级，但与城镇居民消费结构相比仍然滞后。这主要是由于心理预期、消费习惯和社会保障政策等方面的原因，使其更愿意将提高的收入储蓄起来，已备将来之用。但从另一个角度也说明农村居民的消费支出可增加的空间较大，但需要有效的、合理的政策引导，加之政府在医疗、住房、养老等方面的保障措施，使其消除当前增加消费的后顾之忧，方可使农村居民消费结构不断升级。

从各项消费品消费需求的收入弹性排名来看，城乡基本一致，都是交通通信位列第一，其次是文教娱乐用品及服务、杂项商品与服务和家庭设备用品及服务，而衣着、医疗保健、食品排在最后几位。唯一有较大不同的是居住的收入弹性排名。

居住在城镇居民各项消费品的收入弹性中排倒数第三，而在农村却排在正数第二。这说明随着收入的提高，农村居民在各类消费品中对住房的需求程度相对而言比城镇居民强烈。

城乡居民交通通信消费需求的收入弹性均排在第一位。可见，在现代社会，随着经济全球化的发展，交通通信设施和通信工具对居民的生活和工作影响显著，已成为消费热点。

城乡居民医疗保健的收入弹性均很低，仅高于食品，位居倒数第二。就目前来看，主要是中国的医疗保障制度不完善，城乡居民都存在看病难、看病贵的问题，医疗改革的任务还很艰巨，此项消费特别是保健品的消费支出可增加的空间很大。

城乡居民食品的收入弹性在8项消费品消费需求的收入弹性中均是最低的。可见，中国城乡居民最基本的生活已得到保障，并且居民的饮食更讲究营养和科学，饮食结构不断提高。食品的消费支出已保持稳定，即使收入不断增加，居民花在食品方面的支出也不会有太大的变动，从而使增加的收入可用于引致消费的支出，以推动居民消费结构不断升级。

五、居民消费需求的价格弹性

消费需求的价格弹性包括需求的自价格弹性和需求的互价格弹性。需求的自价格弹性是指一定时期内消费品的价格变化所引起的该种消费品的消费量的变动程度。需求的互价格弹性是指一种消费品的消费量变动对另一种消费品价格变动的反映程度。需求的价格弹性主要有三种类型：当需求量的变动幅度大于价格的变动幅度时，称为富有弹性；当需求量的变动幅度小于价格的变动幅度时，称为缺乏弹性；当两者的变动幅度相同时，称为单位弹性。一般而言，生活必需品属于缺乏弹性的消费品，而奢侈品属于富有弹性的消费品，即生存型消费资料是缺乏弹性的，而享受型和发展型消费资料是富有弹性的。可见，调整富有弹性的消费品的价格可改变该类消费品的消费量，以达到调整居民消费结构的目的。本部分在用各类消费品的价格弹性分析居民消费结构问题时，是按照生存型消费资料、享受型消费资料和发展型消费资料来划分居民八大类消费品的。

城乡居民各类消费品消费支出的自价格弹性和互价格弹性均为负数。总体来看，城乡居民各类消费品的需求量与价格呈反方向变动。自价格弹性为负，说明这些消费品都属于正常商品，价格的上涨使消费量下降；互价格弹性为负，说明在收入一定的情况下任何一种消费品的价格上涨都会使其余消费品的消费量下降。

城乡居民各类消费品消费支出的自价格弹性系数的绝对值大于互价格弹性的绝对值，但两者的绝对值都小于1。自价格弹性的绝对值较大，互价格弹性的绝对值都较小，说明各类消费品的需求量受自身价格变动的影响较大，而某种消费品的价格变动对另一种消费品的消费量影响相对较小。在其他条件不变的前提下，任何一种消费品价格的上涨都会引起其消费量的下降，且消费量下降的程度小于价格上涨的程度。一般而言，价格弹性小于1，说明这些消费品是缺乏弹性的，而城镇居民的8类消费品的价格弹性均小于1，即生存型、享受型和发展型消费资料的消费量的变动对价格变动的敏感程度都不大。而事实上享受型和发展型消费资料属于富有弹性的消费品，可见，在政策引导、制度保障、观念改变和收入增加之后，城乡居民对享受型和发展型消费品消费需求增加的空间较大，增加的潜力巨大。

（一）城镇居民消费需求的价格弹性分析

1.城镇居民的食品自价格弹性的绝对值最小，食品对其余消费品互价格弹性的绝对值最大。城镇居民各类消费品中食品的自价格弹性是最小的，这说明在其他条件不变的前提下，不管食品的价格怎么变，其消费量是基本稳定的。而食品对其余各类消费品的互价格弹性较大，这意味着与其他消费品相比，食品的价格变动对其他各类消费品消费量变动的影响较大。在收入一定的条件下，由于食品是基本的生存型消费资料，所以当食品的价格上涨时，居民对食品本身的消费量不会有太大的变化，而会减少其他消费品的消费量，以保证食品的消费量。因此，食品的价格变动对其余消费品的消费量的影响较大，而其余各类消费品对食品的互价格弹性均较小。可见为了保证基本的生存需要，其余消费品的价格变动对食品消费量的影响较弱。

2.城镇居民各类消费品的自价格弹性的顺序与其收入弹性的顺序是完全一致的。城镇居民各类消费品的自价格弹性大小顺序依次为交通通信、杂项商品与服务、教育文化娱乐服务、家庭设备用品及服务、衣着、居住、医疗保健、食品，这与其收入弹性的顺序是完全一致的。这说明价格变动和收入水平的变动对消费者消费支出顺序的影响是相同的。即某类消费品价格的上升或下降对消费支出的影响效果等同于收入的下降或上升。衣着、居住和食品这三类消费品属于生存型消费资料，其自价格弹性较低，均在0.5左右，说明这些消费品的消费量受价格变动的影响较小，消费量较稳定。相对而言，交通通信、杂项商品与服务、教育文化娱乐服务、家庭设备用品及服务这4类消费品的自价格弹性较高，都大于0.7，这些消费品属于享受型和发展型消费资料，对这4类消费品可通过降价来达到增加消费量的目的，即可通过调整价格来影响居民消费结构。

（二）农村居民消费需求的价格弹性分析

农村居民各类消费品自价格弹性的绝对值均小于0.5，消费动力不足。其顺序依次为居住、交通通信、教育文化娱乐用品及服务、家庭设备用品及服务、杂项商品与服务、衣着、食品、医疗保健。其中居住、交通通信、教育文化娱乐用品及服务的自价格弹性较大，说明农村居民对这三类消费品的消费量受其价格变动影响较大，因此，这三类消费品的消费量可通过降低其价格来扩大。衣着、食品这两类消费品属于生存型消费资料，其自价格弹性较低，排在后两位，说明这些消费品的消费量受价格变动的影响较小，消费量较稳定，这与收入弹性的情况基本一致。而农村居民各类消费品自价格弹性的绝对值均小于0.5，这也从另一个角度说明农村居民的消费水平受非价格因素影响较大，比如农村居民的消费习惯、国家对农村的各项保障政策等。可见，农村居民的医疗、教育、社会保障等政策若不到位，农民增加即期消费的后顾之忧便不能打消，即使享受型和发展型消费品的价格不断降低，农村居民也不会大量增加其消费支出。

农村居民各类消费品的互价格弹性中，食品对其余各类消费品的互价格弹性均最大。可见，食品价格变动对其他类消费品消费量的影响较大，而其余消费品的价格变动对食品消费量的影响较弱。

（三）城乡居民消费需求的价格弹性比较分析

1.城乡居民消费品支出的自价格弹性方面。城镇居民各类消费品的自价格弹性均明显大于农村居民各类消费品的自价格弹性，即城镇居民的各类消费品的消费量对其自身价格变动的反应程度均比农村居民大。这说明对城镇居民通过降低价格来扩大居民消费水平或调整居民消费结构的效果要好于农村居民。另外，城镇居民消费品的自价格弹性排在前四位的依次是交通通信、杂项商品与服务、教育文化娱乐服务、家庭设备用品及服务，其绝对值大小分别为 0.911、0.804、0.749、0.715；农村居民消费品的自价格弹性排在前四位的依次是居住、交通通信、教育文化娱乐用品及服务、家庭设备用品及服务，其绝对值大小分别为 0.492、0.463、0.426、0.3659。城镇居民的交通通信、教育文化娱乐服务、家庭设备用品及服务这 3 项消费品的自价格弹性大小几乎是农村居民的 2 倍，即城镇居民这 3 类消费品的价格变动对其消费量的影响是农村居民的 2 倍。但这 3 项消费品在农村和城镇居民消费品的自价格弹性的排名中均出现在前四位中，说明这 3 类消费品价格变动对城乡居民消费量影响均很大。因此，可通过降低这 3 类消费品的价格来增加城乡居民对其的消费量，从而提升城乡居民消费结构的层级。

城镇居民各类消费品的自价格弹性均小于 1，而农村居民的各类消费品的自价格弹性均小于 0.5，即城乡居民不管是生活必需品还是奢侈品，其消费量的变动幅度均小于价格的变动幅度。而在经济学的价格弹性理论中，生活必需品属于缺乏弹性的消费品，其自价格弹性小于 1，而享受型和发展型消费品属于奢侈品是富有弹性的，其自价格弹性大于 1。很明显，中国城乡居民享受型和发展型消费品的自价格弹性均小于 1，与经济学中的弹性理论所说的这些消费品的自价格弹性大于 1 存在偏差，尤其是农村居民的偏差更大。这一方面可能是由于我国居民有节俭的消费习惯，存在高储蓄低消费的现象；另一方面可能是由于国家对城乡居民的各项保障性措施还不够到位，尤其是对农村居民的保障性政策覆盖率较低，因而大家在即期消费时的顾虑较多，更倾向于将钱储蓄起来，以备将来子女教育、医疗、养老之需。因此，对于奢侈品来说即便是降低价格，大家对其消费也不会增加太多。可见，教育改革、医疗改革、社会保障制度的完善对消除城乡居民特别是农村居民的后顾之忧至关重要，这些政策对扩大居民消费的影响程度不亚于价格因素。

2.城乡居民消费品支出的互价格弹性方面。城乡居民消费品支出的互价格弹性的绝对值大小排在前两位的都是食品和居住，即这些消费品消费量的变动易受其余消费品价格变动的影响。对于城乡居民来说，在收入一定的前提下，食品和居住的消费对其余消费品的消费具有"挤出效应"，即食品和居住价格的上升会使其余消费品的消费量有所下降。因此，降低居民食品和居住的价格对于增加其余消费品的消费量具有积极作用。

三、居民消费结构静态分析小结

通过采用截面数据对中国居民消费结构的静态分析可以得出：

第一，现阶段农村居民消费整体较弱，其消费结构明显滞后于城镇居民消费结构，城乡居民的消费层次差距较大。目前农村居民的消费支出还是以满足基本生活保障的自发消费为主，而城镇居民用于享受和个人发展的引致消费高于其自发消费，但此类消费仍不足，可挖掘的空间很大。

第二，收入是影响城乡居民消费支出的最重要因素。随着收入的增加，城乡居民的各项消费品的消费支出都会增加。但由于农村居民未来的收入具有较大的不稳定性，以及农村居民的医疗、教育和养老等社会保障不如城镇居民，并且其对潜在的支出预期较高，因此更倾向于把钱存起来以防患风险或备将来之用，使得农村居民的储蓄率高于城镇居民。这说明要想增加农村居民的消费支出，首先要使其医疗、教育和养老得到保障，解除后顾之忧，方可增加农村居民的引致消费，其消费结构才会得到优化升级。

第三，对城镇居民通过降低价格来扩大居民消费水平或调整居民消费结构的效果要好于农村居民。交通通信、教育文化娱乐服务、家庭设备用品及服务这三类消费品价格的变动对城乡居民消费量的影响均很大。因此，可通过降低这三类消费品的价格来增加城乡居民对其的消费量，从而提升城乡居民消费结构的层级。对于城乡居民来说，在收入一定的前提下，食品和居住的消费对其余消费品的消费具有"挤出效应"，即食品和居住价格的上升会使其余消费品的消费量有所下降。因此，降低居民食品和居住的价格对于增加其余消费品的消费量具有积极作用。中国城乡居民享受型和发展型消费品缺乏弹性，这与经济学中的弹性理论相悖，这一方面可能是由于我国居民有节俭的消费习惯，存在高储蓄低消费的现象；另一方面可能是由于国家对城乡居民的各项保障性措施还不够到位，尤其是对农村居民的保障性政策覆盖率太低，因而大家在即期消费时的顾虑较多，更倾向于将钱储蓄起来，以备将来子女教育、医疗、养老之需。因此，对于奢侈品来说，即便是降低价格，大家对其消费量也不会增加太多。可见，影响居民消费水平和消费结构的因素不只是收入和价格，居民的消费习惯和政府在教育、医疗、住房、养老保险制度等方面的相关政策的完善对消除居民后顾之忧也至关重要。

第八章 我国居民消费结构动态分析——时间序列数据

居民消费结构在优化过程中是一个不断变动、调整的过程。改革开放以来，随着我国经济的飞速发展、人民生活水平的不断提高，居民消费结构也随之发生了很大的变化，居民消费结构的层级不断提高，消费总量不断增加，但消费在GDP中的比重与发达国家甚至一些发展中国家相比还很低，这对我国经济的持续、健康、平稳增长非常不利。本书在静态分析之后，采用时间序列数据，对我国城乡居民消费结构进行动态分析，分别从人均可支配收入与人均消费支出的变动情况、恩格尔系数的变动、经济增长过程中各项消费品消费支出比重变动以及消费结构变动度、消费结构贡献率等方面进行分析，揭示改革开放以来我国居民消费结构变动的趋势及其特征。

第一节 数据的选取与研究时间的选择

人均GDP是反映一个国家或地区经济发展水平的通用指标；人均可支配收入反映居民的购买力大小，是影响居民消费支出和消费结构的主导因素；平均消费倾向反映居民消费支出在同期收入中所占的比例；恩格尔系数是食品支出在总消费支出中占的比重，它是对居民消费水平和生活质量的反映。本书选取了1978年至2009年的数据，其中人均GDP、人均可支配收入、人均消费支出和恩格尔系数均由《中国统计年鉴》各年的相关资料整理所得，而平均消费倾向是用人均消费支出除以当年的人均可支配收入计算而来。其中1979年城镇居民的人均消费支出在《中国统计年鉴》中没有明确的数值，故当年的平均消费倾向也无法计算。不过研究1978年到2009年这32年收入和消费的变化情况时，缺少一年的数据并影响我们对居民消费结构变动情况的整体趋势的把握。

第二节 人均可支配收入与人均消费支出

一、城镇居民人均可支配收入与消费水平变化

1978年到2009年城镇居民人均可支配收入从343.4元增加到17174.65元，增长了49倍，年均增长速度为13.45%。人均消费支出从1978年的311.16元增加到2009年的12264.55元，增长了38.42倍，年均增长速度为12.58%。而同期人均GDP从381.23元增加到25575元，增长了66倍，年均增长速度为14.53%。

（一）我国的经济增长率远高于城镇居民人均收入增长率和消费增长率

从增长速度来看，人均GDP的年均增长速度最快，其次是人均可支配收入的增速，最后是人均消费支出的增长速度。人均GDP的年均增速比城镇居民人均可支配收入的年均增速高出1.08个百分点，比城镇居民人均消费支出年均增速高出1.95个百分点。而从1978年至2009年，人均GDP的增长倍数比城镇居民人均可支配收入的增长倍数高出了近17倍，比城镇居民人均消费支出的增长倍数高出了近28倍。

（二）城镇居民的人均可支配收入与人均消费支出之间的差距逐年扩大

随着时间的推移，人均GDP与城镇居民人均可支配收入和人均消费支出之间的差距不断扩大。1978年到1985年，8年中城镇居民的人均可支配收入与人均消费支出之间的差距均不到100元；1986年到1993年，8年中这两者的差距均小于500元；而从1994年到1997年，这两者的差距小于1000元；1998年到2003年，差距小于2000元；从2004年开始两者的差距从2000多元扩大到3000多元；至2009年，差距达到了4910.1元。

二、农村居民人居纯收入与消费水平变化

从1978年到2009年农村居民人均纯收入从133.6元增加到5153.17元，增长了37.58倍，年均增长速度为12.5%。人均消费支出从1978年的116.1元增加到2009年的3993.45元，增长了33.4倍，年均增长速度为12.09%。而同期人均GDP增长了66倍，年均增长速度为14.53%。

我国的经济增长率远远高于农村居民人均收入增长率和消费增长率。我国人均GDP的年均增速比农村居民人均纯收入的年均增速高出2.03个百分点，比农村居民人均消费支出年均增速高出2.44个百分点。而从1978年至2009年，人均GDP的增长倍数比农村居民人均纯收入的增长倍数高出了近30倍，比农村居民人均消费支出的增长倍数高出了33倍。农村居民收入水平和消费水平之间的差距随着时间的推移虽慢慢扩大，但整体来

看两者之间的差距不是很明显。

三、城乡居民可支配收入与消费水平变化的比较

20世纪90年代之后，第一，我国的人均GDP增速明显快于城乡居民的人均可支配收入和人均消费支出的增速；第二，农村居民的消费水平和收入水平远远落后于城镇居民；第三，城乡居民的收入水平与消费水平之间的差距逐年扩大，而且城镇居民这两者的差距比农村居民的差距更大，这与边际消费倾向递减规律相符；第四，城乡之间的居民收入差距日益扩大，导致城乡之间的居民消费差距也呈扩大趋势。

第三节 动态变化中的平均消费倾向

人们将消费支出与收入之比称为平均消费倾向，表示每单位收入中用于消费的部分。随着收入的增加，平均每单位收入中用于消费的部分会减少，即平均消费倾向递减。

从1978年至2009年，城乡居民的平均消费倾向整体均呈现下降趋势；农村居民的平均消费倾向相对于城镇居民而言不稳定，波动较大；大多数年份，农村居民的平均消费倾向低于城镇；而城镇居民平均消费倾向的下降幅度大于农村居民平均消费倾向的下降幅度。

1978年至1988年，由于我国尚处于改革初期，价格不稳定，存在通货膨胀的情况，这使得城镇居民的平均消费倾向时而上升时而下降，但整体呈水平波动状态，在0.85~0.93的范围内上下波动。从1989年开始由于我国对外开放程度不断增加且经济发展前景明朗，平均消费倾向呈稳步下降态势，即这段时间，城镇居民的收入大幅增加，消费在收入中的比重不断下降。

我国农村居民的平均消费倾向波动幅度较大，且不稳定。这主要是由于农业受气候的影响较大，我国农业抗拒自然灾害的能力较弱，从而使得我国农民的收入极不稳定，丰收时收入增加，受灾时收入减少。另外，我国的收入分配制度也不完善。正是由于农村居民的收入极不稳定导致其平均消费倾向的不稳定。

整体来看，农村居民的平均消费倾向大部分年份都小于城镇居民的平均消费倾向。这与我国的城乡二元经济结构及社会保障尤其是农村居民的社会保障不完善密切相关。一方面，农村居民的收入没有城镇居民的稳定；另一方面，农村居民的医疗、教育、养老等保障程度和保障范围不及城镇，致使农村居民的收入即便提高，也不会大幅增加其消费，由此表现出农村居民的平均消费倾向大部分年份都小于城镇居民。

第四节　消费支出结构变化

《中国统计年鉴》中对城乡居民生活消费支出构成的划分是从1990年开始每年统一采用将生活消费品分为八大类的方法，与1990年之前的划分方法有所不同，且统计局只将1985年的数据转化成了现行分类方法下的数据。

一、各类消费品消费支出比重变化

城乡居民的各类消费品的消费支出比重中，食品消费支出的比重一直都是最高的。但随着时间的推移，食品支出在总支出中的比重呈逐步下降趋势，这就是所谓的恩格尔定律，即随着收入的增加，食品消费支出在总支出中的比重是减少的。恩格尔系数＝食品消费支出/总消费支出。食品消费是满足居民生存的先决条件，只有这一方面得到满足之后，居民消费才会转向其他方面，食品以外的消费才会增加，由此居民消费结构才能得到优化升级。一般来说，随着经济的发展、居民收入水平的提高，恩格尔系数呈下降趋势；反之，经济落后、居民贫困的时候，恩格尔系数较高。恩格尔系数是反映贫富程度的重要指标，也是考察居民消费结构的重要指标。

从20世纪90年代伊始至2009年，我国城乡居民的恩格尔系数均在不断下降，城镇居民的恩格尔系数从54.25%下降到36.52%，经过20年的发展下降了17.73个百分点；同时农村居民的恩格尔系数从58.80%下降到40.97%，下降了近18个百分点。与城镇相比，农村居民的恩格尔系数仍然较高，居民消费结构有待调整的空间较大。联合国粮农组织将恩格尔系数作为评价贫富国家生活水平的标准，即恩格尔系数在60%以上为绝对贫困型；50%~60%为温饱型；40%~50%为小康型；30%~40%为富裕型；30%以下为极富型。按照这一标准，中国城镇居民在1996年就从温饱水平迈入小康水平了，到2000年城镇居民的生活水平已达到富裕型，而农村居民的生活水平到2000年才由温饱型迈进小康型。

对居民消费结构的变化仅根据恩格尔系数来考察是不全面的，必须通过对各类消费支出比重的变化来全面分析消费结构的变动趋势。除了食品消费支出的比重不断下降之外，从1990年至2009年，城乡居民的衣着消费和家庭设备用品及服务消费比重整体而言均呈下降趋势，城乡居民的衣着消费比重分别从1990年的13.36%、7.77%，下降到2009年的10.47%、5.82%；城乡家庭设备用品及服务消费比重分别从10.14%、5.29%，下降到6.42%、5.13%。可见城乡居民在食品、衣着、家庭设备用品及服务上的消费支出比重降幅较大，但城镇居民的降幅明显大于农村居民的降幅。从居住消费比重来看，农村居民的住房消费比重一直维持在较高水平，从1990年至2009年其比重基本在15%上下波动。而城镇居民的住房消费比重从1990年的6.98%开始逐渐上升，到2000年达到了11.31%，且2001

年达到峰值 11.50%；从 2002 年至 2009 年，一直在 10% 左右的高位运行，但仍低于农村的住房消费支出比重。这主要是因为农村居民的收入水平比城镇居民的收入水平低很多，并且农村居民的收入增长非常缓慢。另外，在 21 世纪初城镇居民的居住消费比重比 20 世纪 90 年代有较大幅度的上升，这主要是由于我国住房消费的市场化改革所致，在 1998 年底我国正式取消了城镇居民的福利型实物分房制度。城乡居民的医疗保健支出比重分别从 1990 年的 2.01%、3.25%，上升到 2009 年的 6.98%、7.2%。可见，城乡居民的医疗保健支出比重均较小，且城乡差距不大，但都以较大的幅度快速上涨。居民在生活质量提高的情况下，对医疗保健方面的重视程度会越来越强。城乡居民的 8 大类消费品中，交通通信消费支出比重是上升最快、变动最大的一类，从 1990 年到 2009 年这 20 年间城乡居民的该项消费支出比重均增加了 10 倍左右。这一方面是由于人们收入不断提高，另一方面是许多交通设备和电子信息产品的价格大幅下降，并且交通通信设备使大家的生活更为便利，从而已成为居民生活中不可或缺的一部分。可见，信息化社会生活消费方式对我国居民消费结构优化升级具有重要的推动作用。满足居民精神需要的教育文化娱乐服务类消费支出比重可以用来考察居民消费结构质量的变化情况。城乡居民该项消费支出比重在个别年份略有下降但整体来看均呈上升趋势，并且不管是城镇还是农村，其比重均较高，一直在食品和住房消费支出比重之后，在八大类消费品中的比重处于第三位。可见，我国居民对教育一直是非常重视的。

整体来说，属于生存型消费品的食品、衣着的消费比重不断下降，而住房消费比重不断上升，这主要是由于部分居民将住房作为保值、增值的投资品进行投资，导致房价快速、大幅上涨。属于享受型和发展型消费品的交通通信、医疗保健、教育文化娱乐用品及服务的消费比重呈现上升趋势，即城乡居民消费结构都在不断升级，但农村居民消费结构一直滞后于城镇居民消费结构。

二、消费结构变动度和结构贡献率分析

通过分析各类消费品消费支出比重的变化，我们大致把握了居民消费结构的变动趋势。但对于居民消费结构的变动程度、变动速度，以及每一类消费品的消费支出比重变化对整个消费结构变动的贡献率等问题，仅从消费支出比重的变化是看不出来的。为了进一步了解居民消费结构的变动速度及各类消费品的消费支出比重的变化对居民消费结构整体变动的贡献率情况，本书将采用结构变动值和结构变动度这两个指标来衡量居民消费结构变动程度大小。居民消费结构变动值是由各类消费品报告期的消费支出比重与基期的消费支出比重相减，然后将差的绝对值相加得到的。而年均结构变动度是将结构变动值除以相应的年数得到的。而消费品的消费支出对居民消费结构变动的贡献率则用消费品的变动值除以总结构变动值即可得到。

总体来看，1985—2009 年间城乡居民消费结构都在不断优化，但城镇居民消费结构

变动程度明显大于农村。在2005年之前的各个阶段，城镇居民消费结构变动值和年均消费结构变动度均大于农村，而从2005年之后，情况则相反。由于农村居民生活水平的大幅提高，农村居民消费结构开始快速变动，消费结构变动值和年均消费结构变动度均反超城镇。

1985—2009年间，城镇居民消费结构变动值为50.30，年均消费结构变动度为2.01%；农村居民消费结构变动值为41.39，年均消费结构变动度为1.66%。城镇居民在这段时间的消费结构中，食品、交通通信、居住消费比重变化最大，依次变动了15.73%、11.58%、5.23%。这说明随着收入的提高，人们的生活水平显著提高。食品消费在总消费支出中的比重大幅下降；交通通信对人们的生活影响越来越大，已成为居民生活中不可缺少的消费品；1998年中国住房制度改革之后，在各种因素的相互作用下，房价大幅、快速上涨，导致住房消费支出比重在总消费支出中的比重变化较大；而家庭设备用品及服务变动较小，即其消费随着收入的增加而稳步增加，但在总消费中的比重略有下降。1985—2009年间农村居民消费结构变动最大的两类消费品与同期城镇的情况相同，均是食品和交通通信。食品的消费支出比重变动与同期城镇居民的变动幅度相近，变动了16.82%；而交通通信的消费支出比重变动了8.33%，略低于城镇。

从不同阶段来看，城镇居民在1985—1990年间的年均消费结构变动度为2.89%；1990—1995年间为2.79%；1995—2000年这段时间消费结构优化速度最快，年均消费结构变动度达到了4.76%。2000年之后消费结构优化速度开始放缓，2000—2005年间，年均变动2.45%；2005—2009年间的年均消费结构变动度降到了最低，仅为1.09%，甚至低于25年间消费结构变动的平均水平。可见，2005年之后城镇居民消费结构进入低速优化阶段。而农村居民年均消费结构变动速度虽然一直低于城镇，但农村居民消费结构总体变动呈现加快趋势。1985—1990年间农村居民消费结构变动度为每年1.17%；1990—1995年间为1.53%；1995—2000年间为3.77%；2000—2005年间有所放缓，只有1.93%；但农村居民消费结构变动速度随后又有所上升，2005—2009年间上升到3.03%。可见，1995—2000年这段时期，是25年间城乡居民消费结构优化升级最快、变动幅度最大的时期。2005年之前的各个阶段，城镇居民消费结构变化速度一直快于农村；而2005年之后，城镇居民消费结构变化的速度开始放缓，同期农村居民消费结构变化的速度快于城镇。

在某一时期内，用消费品的变动值除以总消费结构变动值就可得到消费品的消费支出对消费结构变动的贡献率，可用来考察不同阶段各类消费品对居民消费结构变动贡献程度的大小。

1985—2009年间，对城镇居民消费结构变动贡献最大的依次是食品、交通通信、居住，其贡献率分别为31.28%、23.02%、10.40%，仅这3项对消费结构变动的贡献就达到了64.70%。其中，随着居民收入的增加，食品消费支出在居民生活消费总支出中的比重逐年下降，即恩格尔系数呈递减趋势。因此，食品消费支出比重的变化对消费结构整体变化贡献最大。其次是交通通信和居住的消费支出，城镇居民这两项的消费支出比重占总消费支出的比重呈上升趋势，尤其是交通通信上升速度最快。分阶段来看，每个阶段对城镇居民消费结构变动起到主要贡献的消费品都不相同。其中：1985—1990年间杂项商品与服务、娱乐教育文化服务、居住对消费结构变动的贡献最大；1990—1995年间食品、交通通信、杂项商品与服务对消费结构的变动起到主要贡献。其中，交通通信支出异军突起，对消费结构的贡献率从上一个阶段的5.41%，突升到本阶段的21.72%；1995—2000年间食品、娱乐教育文化服务、衣着对消费结构的变动起到很大作用。2000年之后随着人们收入水平不断提高并达到一定程度后，食品消费对消费结构变化的贡献虽很大，但有所下降。2000—2005年间交通通信、家庭设备用品及服务、食品对消费结构变动的贡献最大，贡献率依次是31.67%、21.58%、16.95%，这反映出交通通信和家庭设备用品及服务成了城镇居民的消费热点，即居民的生存型消费比重下降，享受和发展型消费比重开始上升；2005—2009年间娱乐教育文化服务、交通通信、家庭设备用品及服务这3项的消费对消费结构变化的贡献最大。这说明不同发展阶段居民消费热点不同，先是以物质方面的消费为主，在物质方面得到满足之后，人们开始注重精神享受和个人发展，居民消费结构层次不断提高。

1985—2009年间，对农村居民消费结构变动贡献最大的依次是食品、交通通信、医疗保健，其贡献率分别为40.63%、20.13%、11.56%，仅这3项对居民消费结构变动的贡献就达到了72.32%。分阶段来看，每个阶段对农村居民消费结构变动起到主要贡献的消费品也都不相同。其中，1985—1990年间衣着、文教娱乐用品及服务、食品对消费结构变动的贡献最大。食品在1990—1995年间的支出比重即恩格尔系数高居不下，持续在58%左右，对此阶段的消费结构变动贡献很小，贡献率不到2%。而1990—1995年间居住、文教娱乐用品及服务、交通通信对居民消费结构的变动起到主要贡献。但1995年之后，农村的恩格尔系数快速下降，从1995年的58.62%骤降到2000年的13%，降幅达到了9.5个百分点。1995—2000年间食品、文教娱乐用品及服务、交通通信对消费结构的变动起到很大作用。其中，食品消费对消费结构变动的贡献率由前一阶段的1.9%急升到41.97%。2000年之后随着人们收入水平不断提高并达到一定程度后，食品消费对消费结构变化的贡献虽有所下降，但仍然很大。2000—2005年间，交通通信、食品、医疗保健对居民消费结构变动的贡献最大，贡献率依次是34.59%、31.48%、11.51%。这反映出交通通信成了农村居民的消费热点，即居民的生存型消费比重下降，享受和发展型消费比重开始上升。2005—2009年间，居住、文教娱乐用品及服务、食品这3项的消费对消费结构变化的贡献最大。从1985年至2009年的各个阶段文教娱乐用品及服务方面的消费对农村居民消费结构的变动一直起到较大的作用。可见，农村居民对教育的重视程度一直较高。

总体来看，从1985年至2009年，食品消费支出比重变化对城乡居民消费结构变动的贡献均是最大的，贡献率分别为31.28%、40.63%。其次是交通通信，对城乡居民消费结构变动的贡献率达到了23.02%、20.13%，即恩格尔系数不断下降、交通通信消费支出比重在总消费支出中的比重快速上升，对城乡居民消费结构的升级起到主导作用。居民消费结构升级的明显转折点在 1995—2000 年，在此期间食品对城乡居民消费结构变动贡献达到峰值，从而使得 21 世纪伊始，城镇居民的生活水平达到富裕型，而农村居民的生活水平也由温饱型迈进小康型。2000—2005 年这段时间，居民消费结构从以生存型为主向以享受型和发展型迈进，食品支出比重对城乡居民消费结构的贡献率均有所下降，而交通通信异军突起成为消费热点，对城乡居民消费结构的贡献在所有消费品中是最大的，从而使得居民消费结构得到了进一步优化升级。

第五节　居民消费结构动态分析小结

通过利用 1978 年到 2009 年的相关数据对中国城乡居民消费结构变化的情况进行分析之后得出以下结论：

第一，我国的人均 GDP 增速明显快于城乡居民的人均可支配收入和人均消费支出的增速；农村居民的消费水平和收入水平远远落后于城镇居民；城乡居民的收入水平与消费水平之间的差距逐年扩大，尤其是城镇居民这两者的差距比农村居民这两者的差距更大；城乡之间的居民收入差距日益扩大，导致城乡之间的居民消费差距也呈扩大趋势。

第二，城乡居民的平均消费倾向整体上看均呈现下降趋势；农村居民的平均消费倾向相对于城镇居民而言不稳定，波动较大；大多数年份，农村居民的平均消费倾向低于城镇；而城镇居民平均消费倾向的下降幅度大于农村居民平均消费倾向的降幅。

第三，食品消费支出比重变化对城乡居民消费结构变动的贡献是最大的，其次是交通通信。可见，恩格尔系数不断下降，交通通信消费支出在总消费支出中的比重快速上升，对城乡居民消费结构的升级起到了主导作用。

第四，整体而言，属于生活必需品的食品、衣着的消费比重不断下降，而住房消费比重不断上升，这主要是由于部分居民将住房作为保值、增值的投资品进行投资，导致房价快速、大幅上涨。属于享受型和发展型消费品的交通通信、医疗保健、教育文化娱乐用品及服务的消费比重呈现上升趋势，即城乡居民消费结构都在不断升级。居民消费结构升级的明显转折点在 1995—2000 年这个阶段，在此期间食品对城乡居民消费结构变动贡献达到峰值，从而使得 21 世纪伊始，城镇居民的生活水平达到富裕型，而农村居民的生活水平也由温饱型迈进小康型。在 2005 年之前，城镇居民消费结构变动值和年均消费结构变动度均大于农村；而 2005 年之后，情况则相反，由于农村居民生活水平明显提高，农村居民消费结构开始快速变动，消费结构变动值和年均消费结构变动度均反超城镇，呈现快速变动趋势。

第九章 居民消费结构的区域差异性分析

很多学者对我国居民消费结构进行研究都是从全国的角度出发,整体研究我国的居民消费结构情况,而忽略了各地区间的居民消费结构差异。由于区域经济发展的不平衡决定了区域居民消费结构差异的存在。我国地域广阔、人口众多,各地区经济发展水平存在较大差距。一般来说,经济发展水平越高的地区,人均收入就越高,相应的居民消费能力就会越强,居民消费结构层级就越高。因此,不同区域的居民消费结构会表现出显著的差异,而这种区域性的显著差异不仅是经济发展的结果,同时也是促进产业结构升级的动力。可见,对空间居民消费结构差异的分析,不仅有利于居民消费结构的升级,而且对我国经济增长和产业结构的调整也有重要意义。本章将通过对居民收入水平与消费水平、平均消费倾向、消费支出结构相关数据的整理和统计分析,揭示我国各区域居民消费结构的差异性。

第一节 空间的选择及数据的选取

中国国土面积较大,并且各个区域居民消费结构和经济发展程度差距较大,因此本章根据"十一五"规划的区域发展战略,把全国31个省、自治区、直辖市(简称省份)划分为东、中、西、东北四大区域,分别对各区域居民消费结构情况进行详细分析。其中,东部地区包括北京、天津、河北、上海、江苏、浙江、福建、山东、广东、海南10个省份;东北地区包括辽宁、吉林、黑龙江3个省份;中部地区包括山西、江西、河南、湖北、湖南、安徽6个省份;西部地区包括内蒙古、广西、重庆、四川、贵州、云南、西藏、陕西、甘肃、青海、宁夏、新疆12个省份。首先我们对各区域居民消费结构的基本情况进行分析,并在此基础上找出四大区域居民消费结构之间的显著差异,然后将其与全国平均水平进行比较,找出差距。

第二节 各区域居民消费结构情况

我国地域广大、人口众多,并且各个区域由于历史、文化、经济等方面的差异,导致我国不同地区的居民消费结构也呈现显著差异。我们将从四大区域居民收入水平与消费水平、平均消费倾向、消费支出结构分析各个区域居民消费结构存在的差异情况。了解不同区域的居民消费结构差异性，才能针对不同地区制定相应的、有差别的政策，以达到提高居民消费结构层级、扩大国内消费需求的目的。

一、各区域居民收入与消费支出的差异性

四大区域中，东部地区城镇居民的人均可支配收入和人均消费支出均是最高的，且远高于其余三大区域。人均可支配收入从高到低依次是东部、中部、东北、西部，东部地区是 20953.21 元，其余三大区域差别不是很大，均略高于 14000 元。东部地区城镇居民的人均可支配收入比最低的西部地区高出 6739.74 元。人均消费支出从大到小依次是东部、东北、西部、中部，支出额分别为 14619.75 元、11128.90 元、10641.98 元、10031.06 元。人均可支配收入排名与人均消费支出排名不一致的原因主要是人均可支配收入取决于地区经济发展水平，而人均消费支出除了受经济发展水平的影响外，还受政策、制度、习俗等方面的影响。可见，四大区域中，西部地区城镇的经济发展较为落后，有待进一步提高；而中部地区城镇居民人均可支配收入位列第二，人均消费支出却最少，说明中部的消费水平最低，消费量可增加空间较大，有待进一步挖掘。

四大区域农村居民的人均纯收入和人均消费支出都较小，且各区域差距不大。这两个指标的排名一致，依次是东部、东北、中部、西部。即东部地区的农村居民人均纯收入和人均消费支出最大，分别为 7155.53 元、5148.62 元；而西部地区的这两个指标均是最小的，分别为 3816、47 元、3238.69 元。西部地区的农村不管是收入水平还是消费水平都是全国最低的，这主要是由于我国西部地区经济发展尤其是农村经济相对落后所致，可见加快西部地区的经济发展仍是我国面临的重要课题。

从各区域的城镇与城镇之间的差距来看，城镇人均可支配收入最高的东部地区比最低的西部地区高出了 47%，城镇人均消费支出最高的东部地区比最低的中部地区高出了 46%。从各区域的农村与农村之间的差距来看，农村人均纯收入最高的东部地区比最低的西部地区高出 87%，农村人均消费支出最高的东部地区比最低的西部地区高出 59%。而这两个指标在各区域内部的城镇与农村之间的差距更大。城乡差距最大的是西部地区，城镇居民人均可支配收入是农村居民人均纯收入的 3.72 倍，城镇居民的人均消费支出是农村的 3.29 倍，其余三个区域在这两个指标上的城乡差距也较大。城乡差距最小的是东北地区，其城镇居民人均可支配收入是农村居民人均纯收入的 2.63 倍，城镇居民的人均消费支出是农村的 2.68 倍。

可见，从人均可支配收入和人均消费支出这两个指标来看，不同区域的城镇之间差距较小，农村之间差距稍大，而区域内部的城乡差距最大。缩小城乡差距，尤其是西部地区的城乡差距对提高居民消费水平和消费结构层级至关重要，也对我国经济持续健康发展有重要意义。

二、各区域居民平均消费倾向的差异性

四大区域城镇居民平均消费倾向最高的是东北地区，为 0.7769，即东北地区居民的可支配收入中 77.69% 都用于消费；其后是西部为 0.7487，东部和中部的平均消费倾向接近，分别为 0.6977 和 0.6982。这说明，增加东北和西部地区城镇居民人均可支配收入对消费的拉动作用要大于东部和中部地区。可见，拉动东北和西部城镇居民消费的关键在于提高其收入水平，而增加东部和中部城镇居民消费水平的关键在于发掘新的消费增长点。

各区域农村居民平均消费倾向最高的是西部地区，达到了 0.8486，即西部农村居民人均可支配收入中有 84.86% 用于消费；中部和东北部农村居民的平均消费倾向接近，分别是 0.7557 和 0.7602；东部最低，为 0.7195。四大区域中除东北地区城乡居民的平均消费倾向接近之外，其余三大区域的农村居民平均消费倾向均明显高于其城镇居民的平均消费倾向，这主要是由于农村居民收入水平偏低造成的。

三、各区域居民消费支出结构的差异性

（一）城镇居民消费支出结构的区域差异性

在食品消费方面，东部地区的城镇居民恩格尔系数最低，为 35.39%；其后是东北地区，为 36.17%；中部为 37.62%；最后是西部地区，其城镇居民恩格尔系数为 38.63%。四大区域城镇居民的恩格尔系数均低于 40%，可见，我国城镇居民生活已属于富裕型。

从属于生存型消费品的食品、衣着、住房这三项的消费支出比重来看，东部城镇居民这三项的消费支出之和在总消费支出中占到了 54.43%，中部、西部和东北地区城镇居民这三项的消费支出之和在总消费支出中的比重相差无几，均在 60% 左右。即东部地区城镇居民生存型消费支出比重最低，东北、中部、西部三大区域在衣食住方面的总消费支出比重较为接近。一般而言，随着经济的发展、人们生活水平的提高，生存型消费在总消费支出中的比重呈逐渐降低趋势。只有当生存型消费支出的比重降低，享受型和发展型支出的比重才能不断提高，居民消费结构才能得到不断的优化，消费水平和消费层级才会不断提高。可见，我国东部地区城镇居民消费水平和消费结构优于其余三大区域，这与东部地区经济发展水平最高、城镇居民收入水平最高是分不开的。另外，东北、中部、西部三大区域生存型消费支出比重达到了 60%，东部地区的比重在四大区域中虽最低，但在总消费支出中的比重也超过了一半。与发达国家相比，我国城镇居民的消费层级和消费水平还较低，享受型和发展型消费不足。

除了食、衣、住之外的消费品均属于享受型和发展型消费品。其中，四大区域城镇居民的家庭设备用品及服务消费支出比重差异均不明显；医疗保健消费支出方面，东、中、西三大区域农村居民消费支出比重差异较小，在 7% 左右，而东北地区远高于这三大区域，达到了 9.25%，这说明东北地区城镇居民的医疗保健意识可能较其他地区强；在交通通信

消费支出方面，东部地区城镇居民该项的比重较高，为15.84%，其余三大区域差异较小，均略高于10%；在教育文化娱乐服务消费支出方面，东部地区城镇居民此项消费支出比重也最高，为13.02%，其余三大区域接近，均在11%左右，这与东部沿海地区交通便利、经济发达、人民生活水平较高相关。总体来看，中部、西部、东北地区城镇居民的享受型和发展型消费支出在总生活消费支出中所占比重接近，且都低于东部地区，即东部地区城镇居民消费结构层级高于其他区域。因此，大力发展中部、西部、东北地区经济，提高居民收入水平对提高这三大区域的居民消费水平、优化消费结构至关重要。

（二）区域农村居民消费支出结构的差异性

在食品消费方面，东北部农村居民食品消费支出在总消费支出中的比重最低，为34.1%。其后是东部为39.77%，中部为42.5%，西部为43.1%。由于东北部地区的农村居民食品自给自足水平高于其余三大区域的农村居民，因此东北部农村居民的恩格尔系数最低。

从食品、衣着、住房这三项生存型消费品的消费支出比重来看，四大区域农村居民这三项的消费支出之和在总消费支出中所占比重均远高于城镇居民，而且四大区域排名顺序与城镇不同，由小到大依次是东北、东部、中部、西部。东北地区农村居民这三项的消费支出之和在总消费支出中占到了62.19%，东部为64.67%、中部为68.85%，这三项消费支出比重最高的是西部地区，为69.7%，东北地区农村居民生存型消费支出比重最低。这主要是该地区农村居民的食品自给自足能力较强，在食品方面的购买花费较少，而其余三大区域的差异较明显，这与我国各个区域城镇居民生存型消费支出比重大小差异较小有所不同。由此可见，我国不同区域的农村居民其生活水平差异较大，而且还是以满足生存需要的消费结构为主，即各个区域农村居民消费结构滞后于城镇居民，不同区域农村居民的生活水平差异程度也比不同区域城镇居民的差异要大。

从享受型和发展型消费品来看，四大区域农村居民的家庭设备用品及服务消费支出比重较为接近。医疗保健消费支出方面，东、中、西三大区域农村居民消费支出比重差异较小，在7%左右，而东北地区远高于这三大区域，达到了10.82%。可见，东北地区农村居民和城镇居民的医疗保健意识都较其他地区强，这可能是东北地区居民平均寿命高于其余地区的原因所在。在交通通信消费支出方面，东部地区农村居民该项的比重在四大区域中最高，为11.74%，其后是东北地区为9.73%，中部和西部较低。要发展经济，交通通信设施的完善是必不可少的。在教育文化娱乐服务消费支出方面，东北部地区农村居民此项消费支出比重也最高，为10.70%，其后是东部为9.68%，西部最低，为6.84%。西部地区经济、科技等方面都相对落后，人才较少，且居民对教育的支出是四大区域中最低的。而要发展西部地区，教育的投入、人才的培养非常重要。这说明加大对西部地区尤其是西部农村地区基础设施和教育的投入，对提高农村居民的生活水平、优化消费结构十分重要。

第三节　各区域居民消费结构与全国平均水平的差异性

一、各区域城镇居民消费结构与全国城镇平均水平的差异性

东部城镇居民的人均可支配收入和人均消费支出均高于全国城镇居民的平均水平，其余三大区域的这两个指标均低于全国平均水平，这说明中部、西部和东北地区的经济发展还有待进一步提高。全国城镇居民的平均消费倾向为0.7141，即可支配收入中有71.41%用于消费，西部和东北地区城镇居民的平均消费倾向高于全国城镇居民平均水平，而东部和中部低于全国平均水平。这表明，提高西部和东北部城镇居民的收入水平对拉动消费，进而优化消费结构的效果要好于增加东部和中部城镇居民的收入水平对消费拉动的效果。

从居民消费支出结构来看，全国城镇居民的食品消费支出比重为36.52%，即全国城镇居民生活水平整体而言达到富裕型。而中部和西部城镇居民的恩格尔系数高于全国城镇居民的平均水平，这说明中部和西部城镇居民的生活水平虽已达到富裕型，但仍然略低于全国城镇居民的平均生活水平。全国城镇居民的生存型消费支出比重为57.01%，高于东部，而低于其余三大区域，表明中部、西部、东北地区的居民消费结构滞后于全国城镇居民平均水平，这与这三大区域的人均可支配收入低于全国平均水平一致，再次印证了收入水平对居民消费水平和消费结构的决定性作用。而我国城镇居民的生存型消费支出在总消费支出中的比重超过了50%，与发达国家相比，我国城镇居民的消费层级和消费水平还较低，享受型和发展型消费不足。究其原因，可能是近年来我国房价较高。住房消费支出在总消费支出中的比重较高，购房的消费支出严重抑制了我国城镇居民在享受型和发展型消费品上的消费。据此，我国城镇居民消费结构仍有较大的优化空间。增加保障性住房、抑制投机购房和稳定房价对我国居民消费水平的提高、消费结构的优化升级具有重要影响。享受型和发展型消费支出中，东部、中部和西部城镇居民的家庭设备用品及服务消费支出比重均高于全国城镇居民的平均水平，仅东北地区低于全国城镇居民的平均水平。全国城镇居民的医疗保健支出比重低于中部和东北地区，而高于其余两大区域。我国城镇居民的医疗保健水平整体较低，这主要是由于我国民众存在"看病贵、看病难"问题，使很多人有病不敢医。2010年"两会"后新一轮的医改将使人们的医疗费用负担减轻，可促进居民增加在保健品和营养品方面的消费支出。我国城镇居民交通通信的消费支出在城镇居民生活消费总支出中的比重达到了13.72%，四大区域中，东部地区高于全国平均水平，其余三大区域虽略低于平均水平，但其比重均超过了10%。这可能是由于小汽车等高档耐用消费品逐步进入大众消费，旅游已成为人们休闲的主要方式之一，人们对出行的需求日益加大，

加之科技的迅速发展,电子通信设施和设备日益普及,使得居民在交通通信方面的消费支出增加。东部城镇居民的教育文化用品及服务的消费支出比重高于全国城镇居民的平均水平,其余三大区域均低于平均水平。我国还处于社会主义初级阶段,是不成熟、不发达、不均衡的社会主义,人民日益增长的物质文化需要同落后生产之间的矛盾将长期存在,这种精神需要同单薄物质支持之间的矛盾,在教育上表现得尤为突出。

二、各区域农村居民消费结构与全国农村平均水平的差异性

东部和东北地区农村居民的人均纯收入和人均消费支出均高于全国农村居民的平均水平,而中部和西部地区均低于平均水平,且西部的这两个指标均是最低的,这说明这两个地区尤其是西部地区农村的经济发展水平和人们的收入水平甚低,导致其消费不振。全国农村居民的平均消费倾向为0.775,即人均纯收入中有77.5%用于消费,仅有西部农村居民的平均消费倾向高于全国农村居民平均水平,而东部、中部和东北地区均低于平均水平。这一方面说明西部农村地区经济发展最落后,居民收入水平太低;另一方面也说明西部农村居民的消费潜力巨大,居民消费结构升级的空间很大,提高西部农村居民的收入水平对拉动居民消费,进而优化消费结构有重要作用。

从居民消费支出结构来看,全国农村居民的食品消费支出比重为40.97%,而中部和西部农村居民的恩格尔系数高于全国农村居民的平均水平。这说明中部和西部农村居民的生活水平低于东部和东北地区,且低于全国农村居民的平均水平。而我国经济最发达的东部地区,其农村居民的恩格尔系数仅略低于全国农村平均水平,为39.77%。可见,整体而言,我国农村居民生活水平还很低。根据联合国粮农组织评价一国或地区居民生活水平的恩格尔系数标准来看,我国农村居民的生活水平才从温饱型进入小康型,比我国城镇居民的富裕型水平低一个档次。而我国农村居民的生存型消费支出在总消费支出中的比重高达67%,远高于我国城镇居民,较高的生存型消费必然挤占享受型和发展型消费。中部和西部农村居民的生存型消费比重高出全国农村平均水平,这与中部和西部农村居民的人均纯收入和人均消费支出在四大区域中最低且低于全国农村平均水平相吻合。享受型和发展型消费支出中,东部、中部和西部农村居民的家庭设备用品及服务消费支出比重与全国农村居民的平均水平相当,东北地区低于全国农村居民的平均水平。全国农村居民的医疗保健支出比重低于东北部和西部,而高于其余两大区域。我国农村居民交通通信的消费支出在农村居民生活消费总支出中的比重为10.06%,东部地区高于全国平均水平,其余三大区域则低于平均水平。我国区域之间发展不平衡,城乡间收入差距较大,而交通通信的改善不仅可以推进农村建设、提高农村居民生活水平,为农民增加收入带来机会,还可以带动产业结构调整,促进区域经济协调发展,更有利于农村居民消费结构的升级。我国农村居民教育文化用品及服务的消费支出比重低于城镇约3.5个百分点;东部和东北地区高于全国农村居民的平均水平,中部和西部均低于平均水平。农村教育发展的相对滞后是我国

城乡教育差距的突出矛盾，尤其是中部、西部农村教育与城镇教育差距较大。城乡二元结构是造成城乡教育差距的主要根源。因此，缩小城乡教育差距需要从城乡一体化的战略角度考虑，在政策制度设计上向中西部地区尤其是其农村地区倾斜。

第十章 我国居民消费结构演变趋势及优化升级现实基础

本章在前文实证分析的基础上,总结我国居民消费结构变化的总体趋势,分析我国居民消费结构存在的主要问题及其成因,并全方位研究我国居民消费结构优化升级的现实基础。

第一节 我国居民消费结构存在的问题及原因

我国居民消费结构变化的总体趋势是:首先,改革开放至今随着居民收入水平的提高,食品、衣着的消费比重不断下降,而住房消费比重不断上升。从追求消费品消费数量的增加转变为对消费品质量的追求,其中对食品的消费将更加注重营养,更讲究衣着和耐用品的品牌及档次,对居住空间的大小和居住环境的舒适度要求越来越高。其次,在生活必需品得到极大的满足之后,生存型消费比重进一步降低,居民消费从物质消费为主转变为精神消费为主,休闲、娱乐、旅游等能丰富人们精神生活方面的消费需求将不断增加。再次,人们在物质和精神两方面的需求都得到满足后,便开始关注个人发展,医疗保健、教育投资等属于发展型消费支出的比重将不断上升。另外,消费者在购买消费品时将更加注重节能、环保、健康、安全等方面。随着科学技术的发展和人们消费观念的改变,智能、环保、节能型产品将成为未来居民的消费热点。居民消费结构不断优化升级,对服务消费的需求随之明显提高,居民消费结构将发生质的变化。

一、当前我国居民消费结构存在的主要问题

通过前文对我国居民消费结构进行的静态、动态分析,以及区域差异性分析之后,即在实证研究的基础上,总结出当前我国居民消费结构存在的主要问题如下:恩格尔系数偏高;享受型和发展型消费支出比重偏低;城乡之间、区域之间、不同收入群体之间居民消费结构差异较大。为说明问题,这里有必要将我国居民消费结构的基本情况与世界部分国家进行比较。

(一)恩格尔系数偏高

恩格尔系数是用食品消费支出占总消费支出的比重来表述的。一般而言,随着经济的

发展、人民收入水平的提高，恩格尔系数呈下降趋势。

近年来，我国居民的恩格尔系数虽逐年下降，但仍然偏高。我国从1978年至2009年恩格尔系数都在不断下降，其中城镇居民的恩格尔系数从57.5%下降至36.52%，下降了20.98个百分点；农村居民的恩格尔系数从67.7%下降至40.97%，下降了26.73个百分点。我国的恩格尔系数和一些发达国家相比有较大的差距。整体来看，所有国家在1996年的恩格尔系数都小于30%。其中，美国的恩格尔系数仅为10.6%，日本为16.3%，加拿大为14.4%，新西兰为16.2%，荷兰为14.1%，恩格尔系数最大的是墨西哥，也只有29%。而1996年中国城镇和农村的恩格尔系数高达48.8%、56.3%，然而还有很多发展中国家的恩格尔系数也比我国的低。2009年中国城乡居民的恩格尔系数分别为36.52%和40.97%，与1996年相比虽有了10多个百分点的降幅，但还远远高于许多国家1996年的水平，与其他国家2008年的水平相比差距更大。2008年韩国的恩格尔系数为12.57%，加拿大为9.22%，美国为6.79%，可见，中国的恩格尔系数虽然在不断下降，但与别国相比仍然较高。较高的恩格尔系数必然影响非食品消费支出比重的提高，影响我国居民消费结构的优化。

（二）享受型和发展型消费支出比重偏低

只有恩格尔系数下降，除食品以外的消费才可能增加，居民消费结构才能得以优化。而我国居民较高的恩格尔系数制约了享受型和发展型消费品的消费支出比重。

1996年韩国教育休闲娱乐支出在总消费支出中的比重达到了15.2%，日本为12.8%，美国为10.8%，加拿大为10.3%，英国为10.8%，澳大利亚为11%，而中国城乡平均仅为9%。从1990年到2009年，我国居民消费支出中城乡居民的教育文化娱乐服务支出在总支出中所占比重个别年份虽有下降，但总体呈上升趋势，2009年城乡居民教育文化娱乐消费支出比重分别为12.01%、8.53%，全国平均为10%多一点。而2008年韩国的该项支出比重就已达到了15.52%。可见，2009年我国的教育文化娱乐消费支出比重虽已有很大提高，但仍低于韩国，甚至低于韩国1996年的水平。2009年我国城乡居民的医疗保健支出比重分别为6.98%、7.2%，均呈现明显上升趋势且上升幅度也较大，但此项支出在总支出中所占比重依然很低，在八大类消费品中，此类消费在总支出中的比重仅高于杂项商品与服务的支出比重，而低于其余六大类商品的支出比重。享受和发展型消费品中，交通通信的消费支出比重是增长速度最快的。1990年我国城乡居民交通通信的消费支出比重分别为1.2%和1.44%，到2009年增长到13.72%和10.09%，全国平均为11%多一点。城乡居民该项消费支出比重分别增加了10倍和6倍之多，但与世界上很多国家相比还是存在较大差距。所有国家在1996年的交通通信消费支出比重均高于11%，最低的是瑞士为11%，最高的是英国和瑞典均为17.1%。1996年韩国的居民交通通信消费支出比重就达到了12.6%，日本为11.6%、法国为16.5%、加拿大为16.2%、美国为14.4%，均高于我国2009年的水平。

可见，中国居民的享受型和发展型消费支出在总消费支出中的比重偏低，与其他国家还有较大差距。

(三) 居民消费结构差距过大

我国长期存在城乡二元经济结构，地区发展极不平衡，改革开放以来，国民的贫富差距明显，使得城乡之间、不同区域之间、不同收入群体之间的居民消费结构存在较大差距。

1. 城乡居民消费结构差距过大。我国的二元经济结构导致居民消费结构中各类消费品在城镇和农村之间存在一定的差异。近几年城乡恩格尔系数的差距虽有所下降，但仍然高于20世纪80年代和90年代初城乡恩格尔系数的差距。恩格尔系数越低则用于享受型和发展型的消费支出比重就越高；反之，则越低。按照联合国粮农组织的标准，中国城镇居民在1994年的恩格尔系数首次低于50%，即从温饱水平迈入了小康水平，到2000年城镇居民的生活水平已达到富裕型。而从1981年到1999年农村居民的恩格尔系数一直徘徊在50%至60%之间，即农村居民的生活水平在此期间一直处于温饱阶段，2000年之后恩格尔系数才下降到40%至50%之间，即进入21世纪后农村居民的生活水平才由温饱型迈进小康型。由此可见，城镇居民的享受型和发展型消费比重高于农村居民，即农村居民消费结构滞后于城镇居民消费结构，并且我国农村居民的生活水平落后城镇居民6~10年。

城乡居民恩格尔系数差距最小的是1983年和1989年，两者的差距只有0.2和0.4；1999年的差距最大，达到了10.7；2004年到2009年城乡居民的恩格尔系数差距从9.5快速下降到4.45，但仍高于1980年到1991年的差距。

城乡居民消费结构总体差异较大，城镇居民的消费水平明显高于农村居民。2009年城镇居民人均消费性支出为12264.55元，比农村居民的3993.45元高出8271.1元。八大类消费品中差距较大的依次是食品、交通通信、文教娱乐用品及服务、衣着。城镇居民的食品支出为4478.54元，农村居民为1636.04元；交通通信支出，城镇为1682.57元、农村为402.91元；文教娱乐用品及服务支出，城镇为1472.76元、农村为340.56元；衣着支出，城镇为1284.2元、农村为232.5元。

城乡居民在食品、衣着消费质量、档次方面差距明显。在食品消费方面，城镇居民粮食消费在食品消费中的比重较低，而副食品消费比重高于农村居民，鲜活及绿色食品越来越受到城镇居民的追捧。此外，城镇居民食品消费中外出就餐的人次和消费数量远高于农村居民。在衣着消费方面，有关数据显示，我国城镇人口中消费高档服装的人数占0.6%；消费中档服装的人数占城镇人口的70%~75%，而农村人口中仅有26%的人消费中档服装，却有65%的农村人口消费低档服装。可见，城镇居民在食品和衣着的消费数量已基本稳定，且消费质量和档次明显高于农村居民。随着经济的快速发展和居民收入水平的提高，城乡居民消费结构稳步升级，耐用消费品日渐普及。但城乡居民在此方面的消费仍然存在较大差距。2009年城镇居民耐用消费品中电冰箱、洗衣机、照相机、家用电脑每百户拥有量分别为95.35台、96.01台、41.68部、65.74台，而同期农村居民每百户的拥有量为37.11台、53.14台、4.76部、7.46台，约为城镇居民的1/3、1/2、1/10、1/9，并且城乡居民在同种耐用品的选择上还存在品牌和质量的巨大差距。农村居民家电产品的拥有率及对家电产品、品牌、家电企业的认知度与城镇居民相比仍然处于较低水平。在家用汽车的消费上，农村居民的持有量更是远远低于城镇居民。在耐用品消费方面，城镇居民已逐渐趋于饱和，而农村居民不管是在数量还是质量上都还有很大的增加空间。由此可见，农村居民的消费需求主要是基本的生存需求，而城镇居民的需求则是更高层次的自我实现需求，即农村居民的消费结构还是以生存型消费为主，而城镇居民消费结构开始以享受型和发展型为主。

2. 不同区域居民消费结构差距大。我国地域广阔、人口众多，各地区经济发展水平存在较大差距。随着区域差距格局的不断演变，各地区居民消费结构也在迅速发生着变化。

2009年，我国东、中、西、东北四大区域城镇居民消费结构存在着较大差距。东部地区居民消费结构优于全国平均水平和其余地区。东部用于吃、穿等生存型消费的比重低于其他地区，发展型和享受型消费比重高于其他地区。在生活消费支出中，东部10个省份中除了海南省之外，其余9个省份城镇居民的食品消费支出均在40%以下，属于富裕型的居民消费结构。海南的恩格尔系数在40%至50%之间，属于小康型的居民消费结构。东部地区食品、衣着两方面消费比重低于全国平均水平；居住和医疗保健方面的消费支出比重略低于全国平均水平；家庭设备用品及服务、交通通信、文教娱乐用品及服务、杂项商品与服务的消费支出比重均高于全国平均水平。东北和中部地区城镇居民消费结构与全国平均水平较为接近。而西部地区城镇居民的食品消费支出占生活消费总支出比重接近40%，其中西藏高达50.71%。除广西、内蒙古、陕西、宁夏外，其余8个省份城镇居民的食品和衣着消费支出比重之和均超过50%，这严重抑制了享受型和发展型消费支出。西部地区城镇居民消费结构在四大区域中层级最低。

2009年，四大区域农村居民八大类消费品的消费支出比重次序均为食品、居住、交通通信、文教娱乐用品及服务、医疗保健、衣着、家庭设备及服务、其他。食品和居住这两类生存型消费品仍是目前我国农村居民消费的主要部分。但随着交通工具和电子通信设备的快速发展，交通通信消费支出在生活消费总支出中的比重上升速度较快，且上升幅度最大，已成了农村居民的第三大消费品。

在生活消费支出中，东部地区的北京、河北、上海、江苏、浙江、山东6个省份农村居民的食品消费支出在40%以下，属于富裕型的居民消费结构，除海南的恩格尔系数在50%以上，其他3个省份已属于小康型的居民消费结构。东部地区食品、衣着两方面消费比重低于全国农村平均水平；居住、家庭设备用品及服务、医疗保健的消费支出比重略低于全国农村平均水平；文教娱乐用品及服务、交通通信和杂项商品与服务的消费支出比重则高于全国农村平均水平，居民消费可增长空间较大。东部农村地区居民蓄积的消费能力将会释放出巨大的消费空间。东北地区农村居民粮食的自给程度高于其余地区，故而食品消费支出比重在四大区域中最低。与东部相比，东北地区气候变化明显、温差较大，因而衣着消费支出比重高于东部地区。该地区各省份均已迈入富裕阶层，随着振兴东北老工业基地的推进，东北地区农村居民的消费也将快速增加。中部地区的山西和河南已属于富裕型居民消费结构，其余4省份均属于小康型阶段，随着生活水平的提高，其消费潜力巨大。而西部地区农村居民的食品消费支出占生活总消费支出比重除内蒙古、陕西和青海3省份在30%至40%之间，其余9省均在40%至50%之间。可见，西部大部分省份农村居民消费属于小康型阶段。整体来看，我国农村居民大部分处于小康水平，少数处于富裕型水平；而城镇居民大部分省份处于富裕型阶段，只有少数处于小康水平，农村居民消费结构滞后于城镇。

3. 不同收入群体之间居民消费结构差距大。不仅城乡之间、不同区域之间的居民消费结构存在差异，不同收入群体之间的居民消费结构也存在较大差距。改革开放以来，我国居民的收入水平不断提高。但与此同时，居民的收入差距也在不断扩大。不同收入群体的居民消费水平和消费结构存在较大差异。高收入群体，十分关注生活质量的提高，消费时注重追求精神消费和服务消费，追求时尚化与个性化；而低收入群体以基本生活消费为主。影响这一层次居民消费的主要原因是收入水平低，所以增加其收入是最有效地增加消费的途径。

其一，城镇不同收入群体之间的居民消费结构差距。2009年城镇困难户家庭平均每人全年消费性支出4256.81元，而最高收入户为29004.41元，是困难户的近7倍。消费水平的巨大差距造成居民消费结构的差异，食品消费方面，城镇最低收入户食品消费占生活消费总支出的46.81%，最低收入户中困难户的恩格尔系数为47.96%，基本进入小康水平。最高收入户的恩格尔系数为28.05%，比困难户低了近20个百分点，已达到了极富裕的水平。高收入户在饮食方面，讲究营养和风味，而低收入户食品消费的特点是"温饱有余，营养欠佳"。

衣着消费方面，从比重来看，城镇各收入阶层的衣着消费支出比重相差不是很大，困难户衣着消费比重略低于其他阶层；但从消费支出额来看，困难户远低于高收入阶层。当居民的收入水平达到一定程度时，衣服档次会逐渐提高，追求名牌，讲究款式、品质和个性。

耐用消费品方面，城镇居民家庭的耐用消费品拥有量逐渐增加，但不同收入群体仍有不小的差距。2009年城镇困难户家庭平均每百户拥有的洗衣机、电冰箱、彩色电视机分别为82.57台、69.66台、108.78台，占最高收入户的81%、65%、64%，比同期城镇全国平均水平低了14%、27%、20%。困难户发展型和享受型的耐用消费品拥有量与最高收入户相比差距更大。2009年困难户家庭平均每百户拥有的淋浴热水器为45.08台，还不到最高收入户的1/2；空调有27.31台，约为最高收入户的1/8；家用电脑拥有量仅为最高收入户的18.41%。除了数量上的差距之外，在质量、款式、科技含量等方面的差距也较大。高收入群体对科技含量高、时代感强的高档家电产品，如无氟环保电冰箱、数码纯平彩电、高保真超重低音音响及家庭影院、制冷量大和噪声低的变频式空调、具有夜视功能的微型摄像机等非常青睐。

居住方面，2009年城镇困难户家庭居住支出为515.7元，还不到最高收入户家庭的

1/5，住房条件也比高收入群体差很多。医疗保健方面，2009年城镇困难户家庭人均医疗保健消费支出343.96元，最高收入户为1745.91元，是困难户的5.1倍。

交通通信方面，最高收入户家庭每百户拥有轿车38.11辆，而困难户仅为1.02辆。由于网络信息技术的广泛使用，电话普及率快速上涨，手机拥有量不断增加，2009年困难户家庭平均每百户拥有量为117.96部，达到至少人手一部的程度，但其数量也仅为最高收入户的1/2。

教育文化娱乐方面，低收入群体的享受型和发展型消费品支出较低，2009年困难户家庭在教育文化娱乐服务方面的人均消费支出为390.56元，还不到最高收入户的1/10。外出游览名胜古迹、名山大川，出境领略异国风情等，成为高收入群体假日消费的重要组成部分。另外，由于就业和竞争的压力越来越大，居民用于教育方面的投入也逐年加大，中等收入群体城镇居民消费水平和消费结构情况处于低收入群体和高收入群体之间，城镇不同收入群体的居民消费结构差异较为明显。

其二，农村不同收入群体之间的居民消费结构差距。2009年，农村居民低收入户平均每人生活消费支出为2354.92元，高收入户为7485.71元，是低收入户的3.2倍。农村居民不同收入群体生活消费支出增长速度差别也较明显，与2008年相比，低收入户的人均生活消费支出增长了9.8%，中低收入户增长了8.2%，中等收入户增长了7.9%，中高收入户增长了9.6%，高收入户增长了9.2%。高收入户农村居民生活消费支出的增长速度仅次于低收入户，这说明低收入户的消费水平增加的速度最快，但高收入户与其他收入户居民的生活消费差距越来越大。

不同收入群体不仅消费水平差距较大，居民消费结构也存在差距。低收入户的恩格尔系数为47%，刚从温饱型阶段迈入小康水平；中低收入户、中等收入户、中高收入户居民的恩格尔系数分别是46%、44%和41%，也属于小康水平；而高收入户的恩格尔系数为35%。属于富裕水平低收入群体的居民消费以生活必需品为主，边际消费倾向较高，对各类消费品的消费需求呈数量扩张，但由于购买力有限，有效需求明显不足。小康阶层的中等收入群体对消费品的需求已由数量扩张过渡到质量提高阶段，具有一定的购买能力，而且消费观念也开始向城镇居民转变；对日常消费品、家电产品的需求，开始由数量转变为对质量、品牌、档次的追求。中等收入群体在预期收入不高的情况下，即期消费能力会受到抑制，要实现居民消费结构的升级，还需要一定时期的积累。而属于富裕阶层的高收入群体其手持现金和存款的数量已具有满足消费意愿的能力，这部分农村居民的消费行为已不再仅仅满足于传统的生活消费了，越来越多地向教育、旅游、交通通信、文化娱乐等高层次消费转移，居民消费结构升级的愿望强烈，消费观念明显趋向于城镇化，并且开始消费大屏幕彩电、家庭影院、空调、微波炉、个人电脑、私人轿车等高档商品。

二、制约我国居民消费结构升级的原因

居民消费结构的优化升级是一个长期过程。目前制约我国居民消费结构升级的原因较多，同时也说明我国居民消费结构优化升级的潜力较大。

（一）居民收入水平低且差距大

改革开放以来，我国经济快速发展、居民收入不断提高，但整体来看收入水平仍然较低，并且城乡之间、不同区域之间、不同行业之间的居民收入差距较大。过低的收入水平和较大的收入差距，必然会影响我国居民消费水平，从而影响我国居民整体消费结构的升级。

1.居民收入水平低。《2010年国际统计年鉴》显示，2008年我国人均国民收入2940美元，而同期世界平均水平为8613美元，低收入国家为524美元，中低收入国家为2789美元，中等收入国家为3260美元，高收入国家为39345美元，是我国人均国民收入的13.4倍。我国人均国民收入低于世界平均水平，处于中低收入国家水平，与发达国家相距甚远。从我国与发达国家小时工资水平来看，我国大约是0.2美元，欧美国家基本上是25~30美元。从劳动者的报酬占GDP的比重来看，1997—2007年我国劳动者报酬占GDP的比重从53.4%下降至39.74%，而在发达国家，劳动者报酬占GDP的比重大多在50%以上。收入是影响居民消费水平和消费结构的首要因素。较低的居民收入水平，势必影响我国居民消费水平的提高和消费结构的升级。

2. 收入差距大。

其一，城乡之间居民收入差距大。2009年，我国农村居民人均纯收入为5153.17元，城镇居民人均可支配收入为17174.65元。城乡居民收入水平明显偏低，而且收入差距较大。我国城乡人均收入差距比例从1983年的1.82∶1不断拉大，1997年为2.47∶1，到2008年扩大到了3.32∶1，2009年进一步扩大到3.33∶1。城乡居民收入差距大小不仅远高于发达国家，而且高于巴西、阿根廷等发展中国家。

导致城乡居民收入差距大的根本原因是我国城乡二元经济结构的存在。我国农村地区主要以手工、半手工等体力劳动为主，城镇是以现代工业为主，农村劳动生产率低于城镇劳动生产率；而劳动生产率的高低决定了收入水平的高低，从而造成城乡居民收入水平的差距。

其二，不同区域之间居民收入差距大。2005年至2009年，东部地区城镇居民的人均可支配收入与中部地区城镇居民的人均可支配收入的绝对数差距由4566.36元扩大到6586.1元；与东北地区城镇居民的人均可支配收入的绝对数差距由4644.92元增加到6628.86元；与西部地区城镇居民的人均可支配收入的绝对数差距也由4591.71元增加到6739.74元。可见，东部地区与中部、东北部、西部地区居民收入的差距较大，并且这种差距在不断拉大。

造成东部与其他区域间居民收入差距拉大的原因很多，一方面由于各区域历史条件、

经济基础、产业结构、人口素质等存在较大差距，使得各区域经济、社会发展不平衡，从而使收入水平存在差距。另一方面也是由于国家政策作用的结果。改革开放以来，国家给深圳经济特区和沿海开放城市提供了特殊优惠政策，使这些地区在经济发展的过程中拥有其他地区所不具备的特殊条件，有力地推动了这些地区外资引进和内资利用，促进了经济的快速发展，从而拉大了地区间收入水平的差距。

其三，不同行业之间居民收入差距大。垄断性行业收入较高是导致不同行业之间收入差距过大的主要原因。改革开放初期，全社会总体收入都不高，高低收入之间的差距不是十分明显，高收入行业的人均收入水平是低收入行业人均收入水平的1.8倍左右。但随着市场经济的发展，金融、电信、电力等具有垄断色彩的行业其业务量剧增，从中谋取了高额利润，职工收入增长幅度较大，造成垄断性行业职工收入远远高于社会平均收入。根据人力资源和社会保障部的统计，目前，电力、电信、金融、保险、烟草等行业职工的平均工资是其他行业职工平均工资的2~3倍，加之这些行业职工的福利较好，因此，若算上住房、工资外收入和职工福利待遇上的差异，则这些行业职工的实际收入与其他行业职工的收入差距可以达到5~10倍。据国家统计局统计，证券业从业者平均年收入是全国平均水平的6倍；金融业人均年收入是全国平均水平的3.1倍；航空业人均年收入是全国平均水平的2.6倍。总体来看，电力、电信、石油、金融、航空、保险、水电气供应、烟草等垄断性行业的职工人数不足全国职工总人数的8%，但其收入却相当于全国职工收入的55%。

居民收入水平低，且收入差距大严重影响了我国居民的整体消费结构层次，导致消费不振，内需拉力不足，同时，还会造成普通大众的严重不满和社会秩序的震荡不稳。因此，提高居民收入水平、缩小收入差距已迫在眉睫。

（二）供给结构与居民消费结构不相适应

居民消费结构随着需求与供给的变动而不断变化。要实现居民消费结构的升级，必须要有能满足新的消费需求的产品供给结构与之相匹配。当前我国产品供给结构与居民消费结构不相匹配，也是导致居民消费不振、消费结构优化滞后的主要原因。

一方面供给水平、质量、结构如何，在很大程度上决定着市场需求的变动和增长快慢；另一方面随着收入水平的提高且差距的拉大，消费需求呈明显的层次性、多样性。若供给结构的变化跟不上消费需求结构的变化，则会造成结构的失衡。供给结构与居民消费结构不相适应，存在两种情况：一种是有效供给不足，另一种是有效供给过剩即产能过剩。扩大消费需求、优化居民消费结构，重在改善供给结构，以使之与居民消费结构相适应。

1. 有效供给不足。供给的直接目的是满足市场需求，只有适应市场消费需求的供给才是有效供给。当前阶段我国有效供给不足，尤其是服务性消费品的规模、数量、质量不能适应居民消费水平的提高和消费结构的升级。随着我国经济的发展，人民收入水平不断提高，用于教育、休闲、娱乐、交通通信等方面的消费支出比重越来越高，对生存型消费品的消费支出比重不断下降，消费热点越来越偏向第三产业，这就要求第三产业的供给要跟得上人民日益增长的对享受型和发展型消费品的需求。而我国第三产业的发展水平滞后，且落后于许多国家。从第三产业占GDP的比重来看，2000年世界平均水平为67.2%，低收入国家为44.0%，中低收入国家为53.2%，中等收入国家为53.6%，高收入国家为70.2%，而2000年我国第三产业占GDP的比重为39.0%，不仅低于同期世界平均水平，而且低于低收入国家的水平。即便是2009年，我国第三产业占GDP的比重也只有43.4%。可见我国第三产业发展滞后，服务性消费品有效供给不足，不能对服务性消费需求做出迅速反应，这对我国居民消费水平的提高和消费结构的升级产生了一定的抑制作用。

2. 无效供给过剩即产能过剩。近年来我国对能源、重化工、铁路、公路等行业的大量投资，导致部分行业产能过剩，投资增长与消费增长严重失衡。从2002年至2005年我国固定资产投资增长速度均保持在20%以上，而社会消费品零售总额增幅仅在9%到13%之间，即产能扩张速度远远超过需求扩张的速度，供给无法与消费需求的变化相适应，势必造成产能过剩的问题。

工业消费品领域的无效供给过剩，导致低水平的生产能力过剩。一方面，当某个行业进入的企业过多，使该行业的企业数量超过饱和程度时，就会造成过剩的供给。从长期来看，在产业结构转换过程中，若消费品的供给结构不能及时反映需求变动，则会引起供求的不平衡。另一方面，当资金供给充足、技术进步加速时，供给量就会增加，若此时供给能力的增长明显快于需求能力的增长时，就会导致产能过剩。我国每一次的产能过剩治理，钢铁行业总是排在首位。工信部的数据显示，2009年钢铁产能的过剩超过了1亿吨。根据中国钢铁工业协会的统计数据，2010年5月末，全国26个主要钢材市场5种钢材社会库存量合计为1578万吨，是2008年同期的5.5倍，是2009年同期的1.8倍。

（三）过高的房价抑制居民享受型和发展型消费支出，影响居民消费结构的升级

衡量居民购买住房能力大小的指标之一是房价收入比，即住房价格与居民家庭年收入之比，该指标用以描述家庭收入与房价之间的关系。由此可知，我国各个城市的房价收入比偏高。我国中小城市的房价收入比多在6倍以上，属于房价过高的范畴。北京、沈阳、贵阳、南京、广州、大连和西安的房价收入比都超过了20倍甚至更高，并且我国大部分大中城市房价收入比均超过6倍，过高的房价严重抑制了居民享受型和发展型消费支出，影响了居民消费结构的升级。

1998年我国住房体制改革之后，房价快速、大幅度上涨，使得人们消费支出中住房消费占较大比重。据相关资料显示，2009年中国城乡居民消费增长额中用于购房的消费占到了一半以上。因此，只有遏制房价的非理性上涨，其他消费品领域的增长才会得到保障。只有当住房消费支出不再占据居民消费的半壁江山时，居民的消费水平才可能大幅提高，且居民消费结构层级也会随之提高，我国经济才会持续、健康、平稳的发展。

（四）消费观念落后

一般而言，随着收入的增加，居民消费支出在总收入中的比重是递减的，或者说每增加一单位收入中，用于消费支出的比重是递减的，即随着收入的增加，消费倾向是递减的。由于我国居民的收入远低于发达国家，因此根据消费倾向递减规律，我国居民的边际消费倾向应高于发达国家，而实际上却远低于发达国家，与这一规律相悖。从国内总储蓄占GDP的比重来看，北美、大洋洲、非洲、拉美洲地区的国家这一比重是相对较低的，其中美国和埃及从1985年至今这一比例基本维持在15%左右，在世界各国中属于最低的；而亚洲地区这一比例整体较高，其中中国、马来西亚、新加坡的国内总储蓄占GDP的比重较高，21世纪以来中国和马来西亚为40%，新加坡为45%。可见，中国国内总储蓄占GDP的比重偏高，不仅远高于美国，而且比同地区的日本和韩国等国家还要高，甚至比同属于发展中国家的印度高出近20个百分点。我国成为世界上高储蓄、低消费国家的原因之一就是我国一向奉行的勤俭节约的传统消费观念。在收入一定的条件下，较低的消费倾向，会导致消费需求下降，影响消费的增加和消费结构的升级。因此，落后的消费观念也是影响我国居民消费结构升级的原因之一。

（五）消费环境差

目前国内消费环境不管是生态环境还是市场环境都存在诸多问题。空气污染、水污染、固体废弃物污染情况严重，这些恶劣的生态环境不利于人们的生存和发展，影响居民消费结构的升级和消费质量的提高。市场环境方面也较差，假冒伪劣、虚假广告等非诚信现象较多，食品、药品等危害消费者的事件屡见不鲜。2010年2月20日，中国消费者协会公布，2009年共受理了636799件消费者投诉案件，投诉问题涉及质量、营销合同、价格、安全、计量、广告、假冒、虚假品质等方面，而投诉质量问题的案件最多，占到了总投诉量的58.9%。与2008年相比，投诉量上升幅度较大的商品是保健食品、家庭影院和照摄像产品，而上升幅度较大的服务是销售、航空运输、互联网、销售服务类、航班延误、互联网服务、保健品功效7个方面，已成为消费者投诉热点，投诉量年年攀升。假冒伪劣的商品和服务，使得人们不敢放心消费，从而抑制了消费欲望，影响了消费需求，阻碍了居民消费结构升级。

（六）社会保障制度尚不完善

我国社会保障制度尚不完善，社会保障体系覆盖面窄且城乡覆盖面差距较大。2009年全国参加城镇基本养老保险的人数为23550万人，占城镇总人数的37.87%；参加城镇基本医疗保险的人数为40147万人，占城镇总人数的64.56%；参加失业保险人数为12715万人，占城镇从业人员的40.86%；参加工伤保险人数为14896万人，占城镇从业人员的47.87%；参加生育保险人数为10876万人，占城镇就业人员总数的34.95%。城镇居民除了基本医疗保险的参保率超过50%，其余均不到50%，这说明城镇居民的社会保障体系覆盖率较低。而我国农村人口占全国总人数的55%左右，但其社会保障覆盖率较城镇更低。2009年全国参加农村养老保险人数为8691万人，占农村总人数的12.19%；农民工总人数为22978万人,其中参加基本养老保险者有2647万,占农民工总人数的11.52%;参加医疗保险者为4335万人,占农民工总人数的18.87%;参加失业保险者为1643万人,占农民工总人数的7.15%;参加工伤保险者为5587万人,占农民工总人数的24.31%。由于大多数农民收入低,加上缺少社会保障和医疗保险,消费能力被极度压抑,造成农村消费不振,居民消费结构层级很低。

完善的社会保障体系能够免除人们即期消费的后顾之忧,具有刺激消费的效应。只有建立和完善社会保障制度,才能使居民放心消费,从而达到促进居民消费、优化消费结构、拉动经济增长的目的。当前我国社会保障的问题是保障不足,因此,大部分居民在满足其基本生活需要消费之后将剩余收入都用于储蓄,以备将来在养老、医疗、失业、住房、子女教育等方面之需,用于享受型和发展型消费的支出比重较小,从而抑制了消费的扩大,制约了居民消费结构的升级,造成经济社会发展失衡。显然,国家对社会福利领域的干预有助于增加消费倾向,实现宏观经济的均衡。

第二节 我国居民消费结构升级的现实基础

我国是拥有14亿人口的、有着广阔市场的大国,正处于经济迅速发展中,虽然影响扩大国内消费需求的因素较多,但内需潜力巨大,且国家刺激内需的政策不断出台,居民的消费潜力非常可观,消费结构优化升级具有一定的现实基础。经济快速增长为居民消费结构升级提供了物质基础;快速的城市化进程是居民消费需求增加和结构升级的动力;当前的高储蓄率使今后居民消费结构的升级成为可能;较大的城乡差距和地区差距使农村居民消费和东北、中西部地区的居民消费存在巨大的增长空间;偏低的服务性消费具有巨大的可持续增长空间,居民消费领域存在很大的拓宽空间。

一、经济高速增长为消费结构升级提供了物质基础

由于受全球金融危机的影响,世界各国GDP增速都有所下降,有些国家甚至是负增长,而中国GDP增速虽有所放缓但仍处于中高速。2009年,我国实现国内生产总值33.73万亿元,比上年增长9.1%,比1978年增加了90倍左右。1978年到2008年我国GDP年平均增长速度为9.8%。第一产业增加值年平均增长速度为4.6%,主要农产品产量大幅度提高;第二产业增加值年平均增长速度为11.4%,居民家庭的耐用消费品,如电冰箱、彩色电视机、空调器等消费品产量已跃居世界前列,并且2009年我国的汽车产量和销售量也超过了美国,成为全球第一大汽车生产基地和销售市场;相对于发达国家而言,我国服务业发展虽然还比较滞后,其在GDP中的构成比例还低于第二产业,但其发展速度还是比较快的,第三产业增加值年平均增长速度为9.8%。高速的经济发展,使我国的消费品市

场得到了极大的丰富，这为居民消费水平的提高和消费结构的优化奠定了雄厚的物质基础。同时随着经济的快速发展，我国居民的收入水平也在不断提高，1978年至2009年，城镇居民家庭人均可支配收入由343.4元提高到17175元，增加了49倍；农村居民家庭人均纯收入由133.6元提高到5153元，增加了37.6倍。居民收入水平的快速增长为消费水平的提高和消费结构的优化提供了现实能力。

改革开放40多年来，随着我国经济的持续高速增长和居民收入水平的不断提高，我国的消费市场经过了一个从小到大、从总量快速扩张到结构明显升级的演变发展过程，消费品日益丰富。迈入21世纪后，消费市场进入了一个快速发展的时期。近几年社会消费品零售额以每年增加1万亿元的速度发展。2009年全社会消费品零售总额则增加得更快，比2008年增加了2.4万亿元，达到132678.4亿元，是1978年的85.1倍，年均增长15.4%。同时，居民消费结构也在不断升级，住和行的消费占居民生活消费总支出的比重不断扩大，通信、教育文化娱乐等享受型和发展型消费日益增加。目前，我国GDP总量已超过日本，成为世界第二大经济体，这将为我国居民消费水平的提高和消费结构的升级提供更加雄厚的物质基础。

二、城市化进程加快将增加消费需求

城市化进程的推进对我国经济发展和结构调整具有重要作用。城市化率每提高1%，就会有100万~120万农村人口进入城市。各国的经验表明，新增的城镇人口会增加市场的消费量，有利于扩大内需，并进而成为经济增长新的源泉。有数据表明，一个城镇居民的消费大约是农村居民的3倍。同时，进入城镇的农村居民其收入水平较之前会有所增加，这将增加其在基本生活消费之外的耐用消费品的购买，从而提高消费水平，同时也使其消费结构层级有所提高。另外，城镇人口的增加将会使城镇基础设施建设的投资增加，这将为消费量的增加和结构的优化提供动力。

1978年，我国城市化率仅为17.92%，随着改革开放的推进，城市化率不断提高，经过20年的时间，到1998年我国城市化率达到了33.35%，平均每年提高0.77%。在此之后，我国城市化发展速度进一步加快，到2009年已达到46.59%。从1998年到2009年，平均每年提高1.2%，明显快于之前20年的发展速度。我国城市化水平虽然提高很快，但与世界上很多国家相比，目前我国的城市化率还很低。根据世界银行的统计数据，2008年我国城市化率为43.1%，而同期世界平均水平为49.9%，比我国高出6.8个百分点。发达国家和中等收入国家的城市化率均远高于我国，甚至部分发展中国家的城市化率都高于我国，这也说明我国城市化发展空间很大。

据推算，若每年有700万~1000万人从农村转到城市，则对消费有很大的拉动作用，年消费量会增加230亿~330亿元。因此，今后10年城镇人口将大幅增加，这会使居民消费需求至少增加2万亿元，年平均增加2000亿元，城市化的快速推进会加速消费市场的发展，使得消费对经济增长的贡献率也将显著提高。虽然目前我国城市化率的水平较低，但提升的空间较大。随着我国城市化进程的加快，大量农村居民进入城市，这将有利于扩大国内消费并推动居民消费结构升级。

三、高储蓄蕴含着巨大的消费潜能

20世纪90年代以来，我国国内总储蓄占GDP的比重一直在40%左右，属于较高水平，每年近1/3的居民可支配收入变成了储蓄存款，造成居民即期消费不足，进入21世纪后储蓄率仍在不断上升。1978年到2009年我国城乡居民储蓄存款余额从210.6亿元增加到260771.7亿元，每年平均增长速度高达26%，远远高于GDP的增长速度和居民消费水平的增长速度，2009年我国城乡居民储蓄存款占GDP的比重达到了76.6%，而消费占GDP的比重较低，仅为35.6%。长期存在高储蓄、低消费的现象，不利于扩大内需、优化居民消费结构，不能实现一国经济持续、稳定增长。

到2009年，我国城乡居民储蓄存款余额已高达26.08万亿元，是同期全社会消费品零售额的1.97倍，接近2006—2008年3年全社会消费品零售额的总和。试想一下，如果将存款的20%用于消费，则全国的消费总额会增加5万多亿元；若将存款的25%用于消费，将会增加6万多亿元的消费额。滞后的居民消费倾向和较高的储蓄倾向，说明我国蕴含着巨大的消费潜能。消费水平的高低不仅取决于当期的收入水平，还和以往的收入和储蓄有密切的关系。目前，通过不断完善社会保障体系以减轻居民后顾之忧，辅之以政府刺激消费的政策，同时进一步优化消费环境，这将有力地促进储蓄转化为消费的能力，对扩大消费需求、优化居民消费结构将发挥重要作用。因此，今后我国居民储蓄中的一部分若能转化为消费，那么它将成为拉动经济增长的强大力量。

四、农村消费存在巨大的增长空间

2009年底我国总共13.3亿人，其中农村人口占53.4%，这就决定了我国消费市场的主体之一是农村居民。随着国家"三农"政策的实施，农村居民的收入有所提高，消费呈现较快增长，但农村居民消费支出的比重仍然偏低。从1978年开始到2009年农村居民消费总量占国内生产总值的比重不断下降，从30.3%降至8.5%，下降了21.8个百分点；农村居民消费占城乡居民总消费的比重，也由1978年的62.1%下降至2009年的23.8%，下降了38.3个百分点。

2009年全社会消费品零售总额125343亿元，其中，城市消费品零售额85133亿元，县及县以下农村消费品零售额40210亿元，农村消费品零售额仅相当于城市的47.2%，农村消费品零售额增加1倍多才可达到目前城市的水平，目前农村耐用品消费市场消费需求潜力仍很大，许多家电产品在农村严重消费不足。2009年我国农村居民家庭每百户年末拥有的家用电器数量有些不到城镇居民家庭的一半，有些甚至更少。另外，农村居民的教育文化娱乐消费支出比重较低，2009年我国农村居民用于教育文化娱乐服务的消费支出仅占生活消费总支出的8.5%，而同期城镇居民的该项消费支出比重达到了12%。这些说明我国农村消费需求空间广阔，农村消费市场存在着较大潜力，居民消费结构优化升级的空间较大，收入的提高是消费支出得以实现的前提。随着国家对农村优惠政策的实施，农村居民的收入将进一步提高，若农村居民人均纯收入增加1倍，达到10602元，那么7亿多农村居民将增加3.67万亿元的收入，购买力将明显增加。可见，农村消费存在着巨大的增长空间。

五、东北、中西部地区消费潜力巨大

2008年我国东北地区、中部、西部地区21个省份的人口数为8.48亿，占全国总人口的63.9%，土地面积占全国面积的90%。同期这三大区域的社会消费品零售额为5.16万亿元，仅占全国的47.6%，即东北、中部和西部地区拥有全国63.9%的人口但其消费量却不到全国的50%，同时也说明这几个地区的消费潜力巨大。假设这三大区域社会消费品零售额增长1倍，达到10.32万亿元，则接近2008年全国的社会消费品零售总额。可见，东北地区、中部和西部地区居民的消费潜力巨大。另外，由于经济发展、居民收入水平和消费水平与东部的巨大差异，这三大区域居民消费结构层级也落后于东部。因此，在国家的西部大开发、振兴东北老工业基地、促进中部崛起等一系列重大战略决策实施后，东北地区、中西部地区经济发展加快，城乡居民收入水平将不断提高，这将为三大区域居民消费水平的提高和消费结构的升级提供了现实的基础。

六、扩大服务性消费的潜力巨大

居民消费主要由商品消费和服务性消费两部分组成。服务性消费支出是人们用于支付社会提供的各种文化和生活方面非商品性服务的消费支出，既有传统的餐饮和住宿服务、住宅装修和物业管理、交通通信服务，也包括教育文化娱乐服务、医疗保健、家居服务、旅游、家庭理财等新兴服务。增加居民服务性消费比重可以优化消费结构，促进服务业加速发展，推动经济持续快速增长。

当前我国居民消费中存在着一个突出问题，即重商品消费、轻服务性消费。虽然近年来城乡居民服务性消费发展较快，但占居民总消费支出的比重仍然偏低。相关数据表明，2002年城镇居民人均服务性消费支出比重为27.4%，2006年上升到28.1%，但2007年这一比重又快速下降至26.7%，比2002年低0.7个百分点。2003年到2008年，城镇居民人均服务性消费支出以平均每年10.3%的速度增长，比城镇居民消费性支出的年均增速低0.5个百分点，比商品消费支出的年均增速低0.6个百分点，而我国农村居民的人均服务性消费支出比重则更低。根据国际经验，当一个国家或地区的人均GDP超过3000美元时，其产业结构、消费结构也将随之发生重大转变，消费将出现明显转型。2009年我国人均 GDP 虽超过 3000 美元，但居民服务性消费支出比重仍然偏低。可见，随着我国经济持续快速增长，居民收入水平不断提高，居民对吃、穿、用等商品需求渐趋刚性，很难有大的发展空间，而享受型和发展型消费需求则与日俱增。以餐饮业为例，1978 年我国餐饮业零售额仅为 54.8 亿元，到 2009 年已达到 17998 亿元，平均每年以 20.55% 的速度增长，而且服务质量也不断提高，可以预见未来十几年我国的餐饮业仍将保持高速增长。

服务性消费与一般商品消费不同，具有巨大的可持续增长空间，其发展规模和速度将快速增加，市场前景广阔。随着我国经济快速增长，服务性消费支出必将成为将来居民消费支出的重点，居民消费结构也将得到优化升级。

七、消费领域存在着很大的拓宽空间

（一）高科技产品创新将创造巨大的消费需求

随着科技的进步，新技术、新材料、新工艺、新发明层出不穷，出现了各种保健食品、生物药品、有机蔬菜、水果、电子产品、太空旅游等，这些对消费产生了巨大的推动作用。信息产业持续快速发展，我国电子消费品市场的产品日益丰富，电子、互联网络、通信等消费市场将大幅扩张，覆盖范围将不断扩大，更新换代的移动电话、电脑、数字电视等消费量急剧增长，高科技给人类生活带来丰富的新产品、新体验等，这些都将不断创造巨大的消费需求。

（二）新型的消费理念将创造更广阔的市场空间

近年来绿色消费、环保消费等新的消费理念逐渐深入人心，随之将会使节能、环保型产品成为消费热点。消费者在购买消费品时将更加注重节能、环保、健康、安全等方面。食品消费方面将更加注重质量、营养和安全；衣着消费方面对品牌、时尚、个性化和差异化将更加注重；各类日用消费品，特别是各种耐用消费品，将追求品牌、时尚、节能、效能、安全及优质服务等。这些为扩大消费创造了更加广阔的市场空间。

（三）对外开放的深入将进一步拓展消费市场发展空间

对外开放程度的不断深入使得国外先进的消费理念、消费方式、消费文化迅速传递到我国，对我国居民的商品消费、文化消费、服务消费等产生影响。数字化、卫星通信和互联网的快速发展，使得人与人之间、各个国家（地区）之间的交流更广泛、更快捷，人们的消费方式逐渐趋同，特别是发达国家居民消费的领域和消费模式对我国居民消费的影响日益明显。

（四）我国日益增长的富裕阶层和庞大的老年群体孕育着巨大的消费市场潜力和无限商机

我国富裕阶层数量不断增加，2010 年，美国《福布斯》杂志发布全球富豪榜中，上榜的中国富豪人数仅次于美国，排名世界第二。如此庞大的富裕阶层孕育着巨大的消费潜力。中国的私人飞机市场规模正直线上升，私人飞机正由少数富豪的奢侈品变成商务出行的交通工具。随着生活水平的提高，私人飞机和豪华游艇等高档消费品将成为富裕阶层的消费热点。同时，由于私人飞机和游艇业是兼具劳动密集、技术密集、知识密集、资金密集的长链产业，对经济发展和结构升级具有极大的推动作用。

当前我国人口老龄化步伐正在加快，2009年65岁以上人口数为1.13亿，这就意味着将需要一个庞大的老年人消费市场，来满足老年人的消费需要。老年人的文化娱乐服务、护理和医疗保健等方面可挖掘的消费潜力巨大。随着居民收入水平不断提高和消费品更新换代节奏的加快，消费领域不断拓宽，居民消费从追求物质消费向追求精神享受型消费转变，从满足人的基本生存需求向追求个人的全面发展转变。智能、环保、节能、精神文化产品将成为大众消费的热点。随着收入水平的进一步提高，珠宝首饰、高档钟表、高档服装等奢侈消费品以及高档家庭用品的消费潜力巨大。2010年2月4日英国媒体称，中国成为奢侈品消费增长最快的国家。当我国居民消费从重视生活水平的提高转向追求生活质量的提高时，居民的消费领域将不断拓宽，居民消费结构将持续升级。

第十一章 培育消费热点，促进居民消费结构合理化

消费热点是新的经济增长点，能够拉动很多相关产业发展。寻找消费热点的商品，辅之以相应的政策，将对优化居民消费结构、扩大国内消费需求产生重要作用。根据消费热点的形成条件和特征，本书从不同收入阶层、正在崛起的老年人消费群体、人们长期不变的消费投入和未来居民的购买趋势四个方面分析潜在的消费热点产品。第一，收入差距的缩小不是一蹴而就的，这种差距仍将长期存在。因此，可根据不同收入阶层的购买力和消费需求，探索不同收入阶层的消费热点，以扩大国内消费需求。第二，我国正处于老龄化水平快速发展的时期，老年人口将成为一个庞大的消费群体。随着老年人支付能力和消费水平的不断提高，老年人消费市场的消费需求将持续增加，形成老年人的消费热点。第三，受教育程度是当前社会提高就业竞争力的关键要素。教育消费是对人力资本的投资，是不可逆转的一个过程，将成为人们长期的消费热点。第四，随着科学技术的发展和人们消费观念的改变，智能、环保、节能型产品将成为未来居民的消费热点，消费者在购买消费品时将更加注重节能、环保、健康、安全等方面。

第一节 消费热点的形成条件

在市场经济条件下，随着居民收入的增加，其消费水平会提高，在一定时期里便会出现某种产品或服务被大部分消费者认同，在市场上形成对其持续大量的需求，形成消费热点，推动消费结构升级。可见，消费热点是在收入增加、消费需求扩大的基础上形成的；同时，消费热点的形成又会反过来推动消费需求进一步增加，促进消费结构的变化，它是经济社会持续、健康、平稳发展的必然趋势。消费热点有利于优化居民消费结构，推动产业结构的升级，最终实现经济的持续健康发展。

收入水平决定消费水平，随着收入水平的变化，居民消费水平就会发生变化，消费结构也会随之变化；随着收入的增加，居民消费结构层级会发生由低到高的变化，消费的文明程度也会逐步提升。

消费热点是某一时期能够用来满足广大消费者的高档生活需求，能够提高生活档次的

消费品，为人们所广泛需要的商品。消费者必须具备相当的收入水平或消费能力才能实现其消费。这意味着某种商品要成为消费热点商品首先要拥有庞大的消费群体，这些消费群体对该商品有消费欲望并且具备支付能力；其次，该商品档次较高，属于大件或贵重商品，具有较高的需求弹性，即价格的小幅变化会引起需求量的大幅变动，存在较大的消费潜力和增长空间。这两点是成为消费热点商品的必备条件，缺一不可。如果只有需要，没有支付能力，则消费热点就无法形成。也就是说，仅有众多消费者对某种消费品或服务有大量的消费需要是不够的，同时必须保证居民的收入能够支付得起，这样的需求才是有效需求，才能真正形成消费热点。

消费热点是新的经济增长点，能够拉动更多相关产业发展，具有高产业关联性。居民对某些商品的消费形成热点，这些消费热点就会通过市场需求的变化影响到生产领域，相应带来生产的扩大。一个消费热点产业的兴起、成熟，能够带动多个产业的发展，推动产品结构和生产结构的转换与升级，为迅速而持续增长的消费需求提供充足的市场供给，使消费热点得以实现。如果消费热点能够持续较长时期，它必定能带动经济快速发展。

第二节 消费热点的探索

消费热点是动态变化的，消费空间是不断扩大的，消费热点与经济社会的发展程度密切相关，集中反映经济发展和社会进步。在发展过程中要充分利用消费热点来促进经济增长、促进居民消费结构的升级和产业结构的优化。

一、短期的消费热点

（一）不同收入阶层的消费热点

有调查显示，企业管理层年薪动辄数十万元、数百万元甚至上千万元，与社会平均工资相差上百倍甚至上千倍。另据世界银行的报告，我国两极分化严重，1%的家庭拥有全国41.4%的财富收入分配失衡、贫富差距拉大，严重影响我国居民消费水平的提高和消费结构的升级，导致我国内需拉力不足。一方面我国广大低收入阶层消费意愿强烈，但收入较低，不能形成有效的消费需求；另一方面虽然中等收入阶层比低收入阶层的购买力要强，但由于我国房价过高并且社会保障制度尚不完善，为了住房、子女教育、医疗、养老等支出，中等收入阶层即期虽有消费能力但也不敢大量消费，转而热衷于储蓄，以备将来不时之需。而高收入阶层的消费已基本饱和，且其消费倾向远低于中低收入阶层的消费倾向。

为了缩小收入分配差距、扩大国内消费需求，政府出台了一系列措施，改革收入分配制度，调整不同行业之间的收入差距，完善社会保障制度等。在这种情况下，要想拉动国内消费需求，笔者认为短期内可根据不同收入阶层的购买力和消费需求情况，探索不同收入阶层的消费热点，以达到扩大居民消费、优化消费结构、拉动经济的目的。

1. 低收入阶层：家庭耐用消费品。改革开放至今，我国的经济发展取得了辉煌的成就，比如多年保持着较高的经济增长速度，国内生产总值位列世界第二，拥有全世界最多的外汇储备，等等。但作为一个发展中国家，我国仍有着数量庞大的低收入群体。人均收入水平相对其他发达国家仍然较低。据世界银行的统计数据，2009年我国人均收入在全球排名仅为124位。反映一国或地区居民财富和生活水平的重要指标人均GDP还不到美国、日本等发达国家的1/10。较低的国民收入水平、过大的收入差距，导致国内消费需求在拉动我国经济增长中的作用仍然较低。

目前，低收入阶层主要包括城镇的无业、无劳动能力的人员，企业下岗人员和农村的大部分农民。低收入阶层的居民生活压力较大。虽然近年来收入水平不断提高，但相对而言，仍属于低收入阶层。2009年，10%的城乡居民家庭中，低收入户的恩格尔系数分别为44.6%和47.0%，比全国城乡居民恩格尔系数的平均水平分别高出8.1个百分点和6个百分点，城乡居民低收入户的食品消费支出占到总生活消费支出的近一半，这说明低收入阶层的居民收入主要用于满足基本生活保障需求，而对于改善生活环境和提高生活质量，增加享受型和发展型消费支出虽有愿望和要求，但受收入水平的制约还无法实现。

2010年10月举行的中共十七届五中全会提出，要合理调整收入分配关系，提高中低收入阶层的收入水平，健全覆盖城乡居民的社会保障体系，加快医疗卫生事业的改革发展等一系列保障和改善民生的措施；"十四五"规划中，促进居民收入增长，要继续调整国民收入分配格局，规范初次分配，加大再分配调节力度。随着中国经济的持续快速发展和中国政府在提高低收入阶层收入水平和完善社会保障制度等的努力下，低收入阶层的生活水平必会得到很大的提高，在其基本生活需要得到满足之后，会增加家庭耐用消费品的消费量，且消费潜力巨大。

从家庭耐用消费品的拥有量上来看，城镇大部分家庭一些基本的耐用消费品已处于饱和或接近饱和状态。而近年来，随着收入的增长，低收入群体对家庭耐用消费品的消费量逐年增长，但仍然较少，还存在很大的消费增长空间。因此，家庭耐用消费品的热点市场在低收入阶层，主要是城镇低收入群体和广大的农村。换言之，家庭耐用消费品将成为低收入阶层的消费热点。

我国城镇居民最低收入户中每百户拥有的洗衣机、电冰箱、彩色电视机、家用电脑、照相机、空调器、移动电话的数量分别为85.47、75.44、111.25、25.57、10.66、35.62、129、54，这与城镇居民家庭的平均水平仍有较大的差距，具有较大的增长空间。随着国家一系列保障民生和改善民生的政策的落实，城镇低收入群体的收入水平会不断提高，家庭耐用消费品也将随之成为低收入群体提高生活质量的、必不可少的消费热点产品。

我国农村居民收入整体较低，每百户农村居民家庭拥有的洗衣机、电冰箱、彩色电视机、家用电脑、照相机、空调器、移动电话数量分别为53.14、37.11、108.94、7.46、4.76、12.23、115.24。这一数据远低于城镇居民的平均水平，甚至低于城镇居民最低收入户每百户的拥有量。农村居民每百户拥有的彩色电视机和移动电话数量较多，均大于100，这说明这两种耐用消费品已处于饱和状态，但随着时间的推移、居民收入的提高和科技产品的更新换代，这些家电也将进入淘汰更新期。因此，家庭耐用消费品在农村的消费市场最广阔且潜力无穷。2008年世界金融危机爆发后，我国为了扩大国内消费需求以拉动经济增长，尤其是为了撬动广大农村居民的消费需求，出台了"家电下乡"政策，这一政策的实施使得农村居民对家电的购买力有所提高，购买量增加，从而取得了一定的效果。但由于实施的时间还不长，加上农村居民家庭耐用消费品的缺口较大，从2009年农村居民每百户拥有的家庭耐用消费品的数量来看，仍然具有较大的提升空间。因此，未来的一段时间里，农村居民的消费热点将依然是家庭耐用消费品。

2. 中等收入阶层：旅游、美容与保健、住房、私家车。划分中等收入群体的标准和依据很多，基本上都认为中等收入群体的基本生活得到保障，并且工资水平略高于社会平均工资。但不论从哪个标准来看，中国的中等收入群体在迅速地扩大。中等收入群体是社会的稳定器，一个理想的社会应该呈现的是"两头小、中间大"，即中等收入者占多数的"橄榄形"社会结构。中等收入群体是国内消费的主力军，伴随着经济的快速发展，该群体的整体规模和收入水平都在迅速增长。但中等收入群体在我国总人口中的比例仍然较低，要发展成为以中等收入群体为主体的社会还需要一个相当长的时期。目前中国只有23%的人口为中等收入阶层，在发达国家所谓的"后工业社会"，中等收入阶层占总人口的80%，中国离这一数字仍相差甚远。

"十二五"规划起草人之一、中央政策研究室副主任潘盛洲表示，在"十二五"致力于完成的十大任务中，扩大内需居于首位，促进经济增长的长期战略方针和根本着力点是扩大国内消费需求，应充分发挥居民消费需求拉动经济增长的主导作用。而解决我国消费需求不足的一个重要的有效途径正是不断扩大中等收入者比重，形成人数较多、比较稳定的中等收入群体。2010年10月16日在唐山举行的中国改革论坛上，国家发改委副主任彭森指出，"十二五"期间将推进收入分配制度改革，逐步形成中等收入者占多数的橄榄型分配格局。可见，近年来我国政府正积极努力的推动收入分配制度改革，力求增加中等收入群体的比重。中等收入者一般来说具有较雄厚的经济基础和强烈的消费倾向，同时消费的领域十分宽广，改善居民消费结构和提升消费层次的愿望也非常明显，比较容易形成消费规模和市场新的消费热点。

随着经济的高速发展，我国中等收入群体的收入水平和消费水平稳步提高，享受型和发展型消费支出比重增加。他们对消费品注重质量和款式，讲究消费品位；拥有舒适宽敞的住房、中高档私人轿车；同时经济实用的基本生活用品仍是消费主流。中等收入群体的不断扩大，有利于引导社会消费潮流，促进居民消费结构优化升级，从而带动产业和产品结构的调整。现阶段，住房、私家车、旅游、美容保健等将成为中等收入群体的消费热点。

全球领先的市场信息公司欧睿信息咨询公司称，到2020年中国中等收入阶层人数将达到7亿，人均年收入可达8万元。随着收入水平的提高和社会保障制度的完善，将有越来越多的人迈入中等收入群体之中，这将成为一个潜在的巨大消费市场，成为经济增长的重要推动力量。

其一，旅游成为中等收入阶层的消费热点。我国的中等收入阶层是一群已摆脱于生计奔波忙碌的人们，有着稳定的收入且收入水平略高于人均国内生产总值。当人们的基本生活得到满足之后，对精神享受和个人发展的需求就会增加，即居民消费结构层级会提高，而人们生活水平提高后的首选消费就是旅游消费。以休闲为目的的旅游更注重人们的精神享受，通过旅游使人们在体力上和精神上得到休息，健康情况得到改善，有利于人们开阔眼界、增长知识，从而推动社会生产的发展。

旅游业被誉为"朝阳产业"，是第三产业的重要组成部分，是世界上发展最快的新兴产业之一，旅游业的发展还将推动饮食服务业、住宿、民航、铁路、公路、工艺美术业、园林等的发展，并促使这些部门不断改进和完善各种设施，增加服务项目，提高服务质量，有利于推动我国经济健康平稳。《国务院关于加快发展服务业的若干意见》指出，要围绕小康社会建设目标和消费结构转型升级的要求，大力发展旅游、文化、体育和休闲娱乐等面向民生的服务业。国家扩大内需的经济发展方略和加快推动服务业的发展，将为旅游业进一步发展创造新的机遇。而我国经济的快速发展，将对旅游需求增长发挥基础性的支撑作用。2009年我国的人均GDP为25575元，按当年的汇率折算则超过了3000美元。根据国际经验，一国或地区的人均国内生产总值达到800~1000美元时，表明旅游消费已进入快速增长阶段，而我国人均GDP早在2003年就已达到1000美元。预计到2020年人均GDP将超过3500美元，这将进入世界旅游界公认的旅游业爆发性增长阶段。而随着人们收入水平的稳步提高和社会保障体系的完善，步入中等收入阶层的居民也将大幅增加，这使得旅游人数、旅游消费的增加成为可能，从而形成中等收入阶层的消费热点。

其二，美容与保健成为中等收入阶层的消费热点。中等收入阶层已从追求基本生活保障过渡到对自身美和健康的追求。美容与保健让人们身、心更加美善，从生理层次到个体内外合一，达到对美的追求；美容保健食品，有助于满足人们营养保健、延年益寿、健康美丽的新需求。随着人们生活水平提高，迈入中等收入阶层的居民快速增加，使得美容与保健消费人数迅速增加，成为中等收入群体消费的一大亮点。

由于中等收入阶层的收入水平高于低收入群体，其购买力更强，更加重视保健品和健康类商品的消费。两任美国总统经济顾问、国际著名经济学家保罗·皮尔泽在其畅销书《财富第五波》中，为人们描绘了健康产业主导的财富第五波的辉煌前景。保罗·皮尔泽指出美国每年的医疗费用高达2.5万亿美元，约占GDP的1/6，约相当于中国整个GDP的一半，可见，中国居民在保健方面的消费潜力无穷，随着中国经济的腾飞，已解决温饱问题的中等收入群体，对美和健康的需求急剧增加。美容健康产业也正逐步走向快速发展的黄金时期，美容健康消费支出比重将快速增加，形成中等收入群体的消费热点。

其三，住房将依然是中等收入阶层的消费热点。住房消费成为热点是发展的必然趋势。目前，在我国拥有舒适、宽敞的住房是中等收入阶层最重要的身份标志。随着收入水平的提高,很多低收入者迈入中等收入阶层的行列,他们对居住条件和居住环境的改善要求越来越强烈,从而使得住房消费增加。一方面,由于中国人多地少,加之受"居者有其屋"传统思想的影响,因此,当居民收入增加时,尤其是进入中等收入阶层时,该群体的居民对住房的需求很大。住房在我国属于收入弹性较大的消费品,即收入稍微有所提高就会引起住房消费量的大幅度增加。另一方面,由于我国物价水平的不断上涨,而工资水平上涨的幅度和速度远低于物价上涨的幅度和速度,加之人民币对外币不断升值并且进一步升值的预期较高,导致很多中等收入阶层和高收入阶层大都将资金投向楼市,将住房作为保值、增值的商品。因此,住房将依然是中等收入阶层的消费热点。

随着经济的快速发展和人民收入水平的不断提高,我国每年新增家庭和新增人口尤其是新增中等收入阶层对住房消费需求潜力巨大。另外,由于我国城市化进程的不断推进和深化,大量农村居民涌入城市对住房的消费需求增加。住房消费所带动的消费链条长,且具有持久的消费力。住房消费不仅有利于民用建筑业的快速发展,而且对建材、冶金、机械、化工以及室内装饰业和家用电器等产业的发展具有很大的带动作用,并吸纳更多的劳动力就业,因此具有巨大的消费潜力。

其四,私家车成为中等收入阶层消费的热点。私家车作为交通工具可满足人们出行便利的需求。随着人们收入水平的提高和汽车价格的不断下降,拥有小排量的、中低价位的私家车已经不再专属于中等收入阶层,中高档私家车才配得上中等收入阶层的身份。目前,在我国拥有中高档私家车是中等收入阶层身份的第二个重要标志。中等收入阶层人数的快速增加,私家车成为该阶层居民的消费热点是必然趋势。

2009年我国汽车产、销量分别为1379.10万辆和1364.48万辆,同比增长分别为48.30%和46.15%;美国新车销量为1043万辆,比2008年销量减少了280万辆。中国首次超越美国成为全球第一大汽车销售市场。

2010年4月14日,全球著名咨询公司AlixPartners在北京发布的中国汽车展望调研报告指出,未来5年中国汽车销量增速将保持在20%左右。从长期来看,我国居民的汽车消费潜力巨大。在发达国家,私家车早已成为家庭的生活必需品,美国平均5人就拥有1辆,西欧平均2人拥有1辆,日本平均3.5人拥有1辆。据统计,我国城镇居民家庭平均每百户拥有的私家车数量,2000年仅为0.5辆,2005年增加到3.37辆;2005年之后私家车拥有量快速上升,2008年为8.83辆,2009年达到了10.89辆。这与发达国家相比,还有很大差距,说明我国的汽车消费量可增长的空间很大。2010年9月,诺贝尔经济学奖获得者、美联储经济学家爱德华·波利斯哥特预测,2030年中国汽车产销将达到7500万辆,一直到2040年,中国的汽车持有量还将继续增加,汽车同住房一样是消费链较长的产业,汽车消费量的不断增加,将对零配件、汽车用品及维修、保养、保险等相关消费的增长具有很大的拉动作用,有利于制造业和服务业的发展。

3. 高收入阶层:私人飞机、豪华游艇、其他奢侈品。2008年全球金融危机之后,为了保证经济的持续平稳增长,我国将扩大国内消费需求置于"十二五"规划的首要位置。

为了扩大内需尤其是扩大居民消费需求，政府把收入分配改革和提高居民收入水平作为研究的重点，希望通过增加中低收入群体的收入来达到刺激消费需求的目的。而笔者认为通过增加居民收入来促进中低收入阶层居民的消费固然重要，但盘活高收入群体的大量储蓄存款，寻找他们的新的消费热点、引导其消费投向，也是刺激消费需求的重要方面。关注高收入群体的消费潜力，培育其消费热点产品，促使高收入群体将储蓄转化为消费，提高其消费倾向，也将成为扩大消费需求的重要增长点。

根据《中华人民共和国个人所得税法实施条例》，目前我国将个人年收入超过12万元的人群定义为高收入群体。根据国家税务总局公布的纳税申报人数量和私营企业抽样调查数据可知，2007年我国收入超过12万元的高收入群体超过1000万人，美林全球财富管理公司和咨询机构凯捷公布的《2010年世界财富报告》统计了全球的百万富豪人数，这里的百万富翁是指拥有资本净值100万美元以上的人。2009年全球百万富豪人数达到1000万，比2008年增加了17%。美国百万富翁人数为287万，位居全球第一，其次为日本和德国，这三国是世界上富豪最多的国家，占据世界富豪总数的53.5%。中国百万富豪人数由2008年的36.5万增加到2009年的47.7万，名列世界第四，尽管2009年全球经济不景气，但百万富豪人数却在增加。据《2010胡润财富报告》，截至2009年底，中国内地资产达到千万元的富豪有87.5万人，资产上亿元的富豪有5.5万人，比2008年分别增长6.1%和7.8%，其中拥有10亿元资产的富豪人数为1900人、拥有百亿元资产的富豪有140人。另据2011年3月9日美国《福布斯》杂志在纽约发布的最新的全球富豪榜单中，这一以10亿美元为底线的排行榜中，中国内地上榜的富豪有115人，比上年增加了近1倍，是2009年的4倍，上榜的富豪人数仅次于美国，排名第二。由此可见，我国的高收入群体的人数庞大，且具备较高的支付能力。

如此庞大的高收入群体孕育着巨大的消费潜力，在高尔夫和跑车都玩腻的情况下，如何刺激他们的消费需求，找到高收入群体新的消费热点，成为研究的重要方面。近两年很多高收入者由于资金没有更好的消费出路，便将大量资金投入到股市、楼市，造成我国楼市、股市过热，对我国经济的健康、稳定发展造成不利影响，为此需要探索高收入群体新的消费增长点以扩大其消费支出。美国、日本等发达国家的港口有大量的私人游艇，通用飞机场有大量的私人飞机，而中国在这两方面的发展尚处于起步阶段，有着广阔的市场空间。私人飞机和游艇被认为是后汽车时代的主角，将成为中国高收入群体的消费热点，也将成为中国扩大内需的新支点。通过高收入群体的消费先导作用，积累社会消费经验，在居民收入达到一定水平时逐步获得更广泛的消费者大众的支持，保证消费热点的持续性和传导性。

另外，中国等新兴经济体的财富增长为全球奢侈品市场的销售做出了巨大贡献。2010年5月中国社科院等单位发布的《商业蓝皮书：中国商业发展报告（2009~2010）》显示，2009年中国成为世界第二大奢侈品消费国，奢侈品消费总额直逼日本，并首次超过美国，奢侈品成为富人的消费热点，预计未来5年中国奢侈品消费额将跃居全球首位。

其一，私人飞机将成为高收入阶层的消费热点。2009年陕西获批试点低空空域开放飞行；2010年开放3000米以下的低空领域被提上决策议程。随着我国高收入群体人数不断增加和我国低空空域的逐步开放，我国的私人飞机市场规模正直线上升。截至2010年，中国已有近200架私人飞机，私人飞机成为富人新宠。

由于我国严格的空域管制，空域开放程度低，直接制约着我国通用航空产业发展和市场开发。可以预见，拥有庞大富豪群体的中国在低空空域开放后，私人飞机的需求量将会大幅增加，同时将带动空管、机场保障、航油、飞机制造、修理、服务等相关产业的多个行业的发展，能提供许多新的就业机会，从而扩大我国国内消费需求，创造新的经济增长点。私人飞机在中国刚起步，但在世界市场上，私人飞机产业早已发育得十分成熟。

通用航空作为民用航空的重要组成部分，在国外已成为重要的产业，在我国的发展却长期滞后。严格的空域管制直接制约着通用航空产业发展和市场开发。距离地面3000米以下的低空空域的飞行活动不会对运输航空航线造成影响，但出于对国土安全的考虑，在我国所有空域都被管制，任何飞行都需事先审批，且审批的手续繁多、时间长。我国民航的空域管理水平目前已经达到发达国家的中等水平，通用航空市场需求也十分旺盛。为此，我国应加强对空域资源的合理利用，逐步开放3000米以下的低空空域。我国若能逐步开放低空空域，私人飞机在高收入群体中将有广阔的市场空间，这必然会促进通用航空产业的全面发展，同时能带动相关产业的飞速发展，同时将使我国的航空运输能力有所提高，高速公路和枢纽机场的拥挤现象将得到缓解。亚洲地区最大的私人飞机销售商迈克尔·沃尔什预测，在未来10年里，中国的私人飞机市场规模将以每年20%以上的速度增长，10年内将超越美国成为世界上最大的私人飞机拥有国，私人飞机将成为我国扩大内需与就业、促进国民经济发展的消费热点。在不久的将来，开着小型飞机上班、旅游、兜风将成为现实，这一消费热点的形成将有利于扩大内需，促进国民经济的发展。

其二，游艇将成为高收入阶层的消费热点。随着中国经济的快速发展以及高收入群体人数的增加，我国游艇消费市场规模将随之扩大。据悉，在中国能够买得起游艇的至少超过50万人，拥有一个庞大的游艇消费群体，游艇消费市场的潜力无穷。它将成为继汽车之后高收入群体消费的又一个消费热点。

游艇除了是一种满足人们享受需要的休闲旅游方式外，更重要的是它是反映一个国家休闲经济发展程度的重要衡量指标。游艇消费可带动码头建设和管理、交通、维修保养、运动娱乐、贸易物流及餐饮等相关服务业的发展，具有明显的产业带动效应，可吸收大量劳动力，对经济发展具有巨大的拉动作用。据国外测算，1美元的游艇经济能带动相关产业6美元的收入，游艇运动是当今十分流行的一种运动休闲生活方式。游艇业在国际上有着巨大的市场份额，全球每年的游艇经济收入超过500亿美元。发达国家游艇制造、游艇生活及其配套产业发展得非常成熟，游艇像轿车一样多为私人拥有。发达国家平均每171人就拥有一艘游艇，挪威、新西兰等国更高达每8人拥有一艘，在国外，游艇业被称为"漂浮在黄金水道上的巨大商机"。中国的海岸线虽然很长，但由于我国的生活水平与发达国家相差悬殊，游艇消费市场还处于萌芽阶段。与发达国家相比，我国游艇的人均拥有量具有巨大的提升空间。

国务院于 2009 年 12 月 1 日下发的《关于加快发展旅游业的意见》中首次提出，要培育新的旅游消费热点，支持有条件的地区发展邮轮、游艇等新兴产业。目前我国对营运船舶和游艇采用的是同一部监管法规，但游艇有其自身的特点，很多规定对游艇监管并不适用。因此，现在迫切需要根据游艇的特性制定相关管理制度，以适应社会经济发展的需要，满足高收入群体的消费需求，促进游艇业的健康发展。对游艇的管理，要立足于我国国情，在现行海事法律框架下，借鉴发达国家关于游艇管理的经验，简化游艇登记、检验等手续，制定较为宽松的、有利于游艇产业发展的管理政策和法律规范。随着经济的进一步发展和游艇管理规定的放宽，作为发展中国家的中国在向发达国家快速迈进的过程中，将会逐渐拥有庞大的游艇消费群体，游艇业将在我国得到迅猛发展。游艇作为高收入群体娱乐休闲的高级消费品，其消费需求量将随着高收入阶层的扩大和购买力的提高呈不断上升的趋势，形成消费热点，并将成为我国扩大国内消费需求又一新的经济增长点。据测算，20 年后中国游艇市场规模将达到 1000 亿元。

其三，其他奢侈品将成为高收入阶层的消费热点。所谓奢侈品，就是指那些独特的、稀缺的、常人消费不起的物品或服务，其范围除了私人飞机和豪华游艇之外，还有名表、名车、高级服饰、名贵珠宝、高档化妆品和个人护理用品等。在世界金融危机、全球经济低迷、各国奢侈品市场销售份额下降的情况下，中国的奢侈品消费却表现出强劲态势，2009 年中国奢侈品市场增长了近 12%，达到 96 亿美元，占全球市场份额的 27.5%。奢侈品消费总额直逼日本，并首次超过美国，成为世界第二大奢侈品消费国。从 2008 年起，中国的奢侈品消费连续三年保持全球增长率第一，2010 年达到 65 亿美元的消费，而我国高收入阶层庞大的奢侈品消费拉动的却是很多发达国家的外需。如何将巨大的奢侈品消费由外需转向内需，这无疑对拉动我国经济的增长具有重要作用。一方面可通过降低奢侈品进口关税，将部分境外消费转化为境内购买，以扩大国内奢侈品的消费需求；另一方面，开发我国自主知识产权的奢侈品牌，不断发展壮大我国的民族工业，培育我国自己的民族奢侈品牌，这不仅可以扩大国内市场的消费需求，还可以带动周边的制造业和零售业等相关产业的发展。据估计，中国奢侈品市场在未来 5 年将达到 20%~35% 的年增长速度。正确规范和引导奢侈品的消费，对于扩大奢侈品在我国国内的消费需求，进而拉动我国经济增长将起到显著的效果。

我国高收入阶层对于奢侈品的消费需求正在快速提升，潜力巨大。预计 5 年后我国收入超过 25 万元的富裕家庭将超过 440 万户，奢侈品也将随之成为高收入阶层的消费热点，5 年后我国奢侈品市场将会有 146 亿美元消费额，成为全球第一大奢侈品消费国并且越来越多的全球奢侈品企业已经瞄准中国市场，开始陆续抢占中国市场，用不了多久中国将成为全球最大的奢侈品贸易与消费中心。我国奢侈品市场的不断成长壮大，对于今后中国的经济转型具有十分重要的意义。

（二）正在崛起的老年群体的消费热点

我国老年人消费要形成消费热点首先要达到一定的人口规模，即要有大量的消费者；其次，要具有一定的支付能力；最后，老年人对某种产品或服务具有持续的、大量的消费需求。这些是形成老年消费热点的前提条件。

1. 我国老年人口将成为一个庞大的消费群体。人口老龄化是指总人口中年轻人口数量所占比重下降，而老年人口数量所占比重增加。截至 2020 年 11 月 1 日零时，全国 60 周岁及以上老年人口 26402 万人，占总人口的 18.70%；全国 65 周岁及以上老年人口 19064 万人，占总人口的 13.50%；全国老年人口抚养比为 19.70%，比 2010 年提高 7.80 个百分点。专家预测，到 2030 年，我国将迎来人口老龄化高峰。这说明老年人消费将在市场总需求中占有越来越重要的地位，在消费品市场中将占很大的份额，老年消费市场蕴藏着巨大商机。发达国家的经验表明，一个 65 岁以上老人的消费支出相当于一个年轻人消费支出的 3 倍。联合国数据显示，老龄化社会的消费支出比年轻型社会的消费支出多 18% 左右。早在 2000 年，日本老年人的消费量在其本国总消费量中所占的比重就达到了 24%，而美国、法国老年人的消费量也占其本国总消费量的 20%。可见，随着我国老年人口的激增，将形成多个老年消费热点，这意味着我国将出现一个巨大的老年人消费内需市场。

2. 老年人支付能力不断提高，消费需求潜力巨大。我国老年人的支付能力将不断提高。部分老人拥有储蓄存款和退休金，部分老年人退休后会通过返聘或再就业等继续工作取得一定收入；还有子女的赡养收入等；另外，随着我国社会保障制度的不断发展，养老保险、医疗保险等社会保障的覆盖率将不断扩大。2010 年 3 月全国两会期间，温家宝总理在政府工作报告中指出，对城镇企业退休人员而言，要建立基本养老金的调整机制，根据经济发展、企业发展、物价水平等认真做好企业退休人员基本养老金的调整工作，按时足额发放企业离退休人员基本养老金和支付其他各项社会保障待遇；针对农村退休的老年人，要做好新农保试点地区的基础养老金发放工作，确保 60 岁以上农村老人领到基础养老金；稳步提高城乡退休老年人的基本医疗保险保障待遇，政府将继续增加社会保障投入。这些将使老年人的消费能力不断提高，为老年消费市场的发展和老年消费热点的形成提供了现实的保障，老年消费市场将是一个巨大的市场。

目前我国老年产品和服务的市场需求为每年 6000 亿元，而现阶段我国传统老年消费品供给市场主要在衣食、居住和医疗保健方面提供低层次的、单一的产品或服务；现代老年消费品市场供给老年人文化娱乐和精神享受方面的产品和服务比较欠缺，有待开发。我国老年消费市场尚未实现规范化和标准化的运作模式。养老机构、医疗保健产品、旅游等领域，在各方面的专项老年产品及服务都亟待开发。供需之间的巨大差距让老龄产业和老年消费市场的发展潜力巨大。

3. 老年人消费热点领域。随着我国老年人口的日益增多，以及老年人支付能力和消费水平的不断提高，老年人消费市场的消费需求将持续增加。要扩大老年人的消费需求，就要根据老年人的心理和生理特点满足老年人的需求。一方面，由于退休老年人拥有较多的闲暇时间，为了打发时间和满足老年人自身的精神文化需要，老年人在文化休闲娱乐方面的消费支出将会持续增加，形成消费热点；另一方面，由于老年人的身体素质下降，生病就医的次数会随之增加，老年人在医疗保健和老年护理方面的消费需求较大，这方面也会形成消费热点。

其一，文化休闲娱乐。在满足老年人物质方面需求的同时，应注重老年人精神文化方面的需求。老年人越来越希望不断扩大自己的生活领域，需要有更充实、更丰富的晚年生活，文化休闲娱乐服务方面有着广阔的消费需求前景。20世纪90年代后，几乎所有的发达国家都进入老龄化社会，为了满足老年人精神文化消费方面的需求，许多国家成立了老年人娱乐中心、老年人俱乐部和老年大学等。另外，可根据老年人的自身身体状况相应地开辟老年旅游专线，以使老年人的晚年生活得到拓展和丰富。随着我国老年人口的日益增加，老年人在文化休闲娱乐方面的消费支出将快速增加，形成消费热点。

其二，老年医疗保健和护理服务。发达国家对老人的护理服务发展得较为成熟，有多种多样的护理服务供老人选择。而目前我国老年人得到专业的护理服务的比例较小，主要是由家庭中的子女来承担。当今我国社会年轻人的工作压力大、生活节奏快，陪在老人身边照顾老人的时间越来越少，导致很多老人缺少照料，因此我国老年人对护理服务的需求程度较高。随着老年人身体机能的下降，生病的概率明显提高，在医疗保健方面的消费支出也将大幅度增加。

人口老龄化对我国社会经济的影响日益显著，潜在的老年消费市场容量是巨大的。目前老年人的消费需求还没有被完全释放出来，但随着我国社会保障制度的完善，老年人的消费能力将不断扩大，随之将出现满足老年人消费需求的消费热点产品和服务，老年消费市场将成为我国较具影响力的市场之一，老年消费也将成为拉动我国内需的重要力量。老年消费市场的扩大和老年产业的发展将带动其他产业的发展，将成为拉动经济的新的增长点。

二、长期的消费热点

（一）教育消费

教育是指通过学习获得知识和技能的过程。马克思在《资本论》第1卷中提到，一个人要想获得劳动的技能或技巧而成为专门的劳动力，那就要进行一定的教育或培训。通过教育消费获得一定的知识和技能，才能适应社会发展的需要。百年大计，教育为本。不管是对社会还是对个人来说，教育都是非常重要的。在衣、食、住基本生活消费的基础上，教育消费已成为居民家庭消费中一笔不小的开支。在八大类生活消费品中，教育消费支出虽不是居民消费支出中最多的一项，但是所有支出中最重要的一项。几乎所有居民家庭都把教育看作是首要投资项目来优先保证和安排。

随着我国经济的快速发展和科学技术的不断提高，知识更新的速度越来越快，人与人之间的竞争越来越激烈，就业压力越来越大，而受教育程度是当前社会提高就业竞争力的关键要素。这就要求人们不断提高自身的文化素质，以满足就业的要求。为此，居民越来越重视教育的投入，除了对子女的教育消费支出不断增长以外，成人的教育费用也在不断增加，城乡居民人均教育消费支出不断增加。根据《中国统计年鉴》中的数据可知，我国城镇居民的人均年教育消费支出从1990年的28.33元，经过20年的时间，2009年人均年教育消费支出达到了645.89元，增加了21.8倍，城镇居民人均年教育消费支出平均每年以接近20%的速度增长。《中国统计年鉴》中没有单独列出农村居民的教育消费支出数据，我国农村居民的教育消费支出主要是在文教娱乐消费支出中占较大的比例，对于农村居民的教育消费支出数据可用文教娱乐消费支出数据代替。我国农村居民的人均年文教娱乐消费支出总体呈不断上升趋势，且在人均年生活消费支出中的比重也持续上升，1990年，人均年文教娱乐消费支出在人均年生活消费支出中的比重只有5.37%，到1998年就已超过10%，且直到2006年这一比重均大于10%，从2007年开始有所下降，这一方面说明农村居民家庭的收入不高而且增速较慢，家庭负担较重；另一方面说明我国教育费用太高。但从长期来看，农村家庭的教育消费支出将会保持基本稳定，因为教育消费已成为与人们的衣、食、住同等重要的必要消费，它是对人力资本的投资，是不可逆转的一个过程。

教育是提高国民素质的基础，对振兴社会经济、科技有重要的作用。教育行业的发展可以带动图书出版业、计算机教学软件业、信息服务业等相关行业的发展，教育产业也是扩大内需、拉动经济增长的重要途径。为了满足人民群众日益增长的教育消费需求，未来居民储蓄仍然会较多地用于教育消费。可见，教育消费是人们生活消费长期的消费热点，这是发展的必然趋势。

（二）智能、环保、绿色、节能产品的消费

科学技术是第一生产力。随着全球科技水平的快速发展，它在改变人类生产方式和生活方式中做出了巨大贡献。新技术、新材料、新工艺、新产品不断涌现，科学技术在引导生产的同时引导、创造消费的潜力也巨大，对扩大消费产生了强大的推动作用。各种保健食品、生物药品、有机蔬菜、水果和不断更新换代的移动电话、电子计算机、数字电视和互联网络，甚至太空旅游等，都给人类生活带来了日益增多的新概念、新产品、新体验，所有这些都将创造巨大的消费需求，形成长期的消费热点。

全球经济发展在取得举世瞩目成就的同时，也对人类赖以生存的自然环境造成了巨大的破坏，如环境污染严重、气候变暖等，导致近年来全球的自然灾害数量增多，地震、海啸、泥石流等自然灾害频发。目前工业经济发展的方向是低碳经济，包括智能电网、新能源汽车、LED等，都尚有很大发展空间，绿色消费、节能环保消费将成为主流。消费者对节能、环保、健康、安全的关注已经达到空前的状态，消费品是否环保、是否有利于人体健康成为消费者选择商品时考虑的重要因素。可见，节能型、环保型产品将会有更广阔的市场空

间，今后将成为全球居民的长期消费热点。

绿色环保、节能、健康将成为广大消费者衡量消费品的重要指标。为了满足消费者的需求，很多产品开始围绕环保、节能、健康等进行技术创新，这将推动新能源和节能环保等产业的发展壮大，推动产业结构向高端、集约化和低碳产业转变。随着科学技术的不断发展和人们绿色、环保、节能消费理念的进一步深入，将形成低碳绿色的生活方式和消费模式。绿色市场服务体系也将得到进一步完善，绿色产品的消费比重将进一步增加。今后，环保、节能产品将成为居民的长期消费热点，智能化、绿色化将成为人们的消费时尚。

第三节 优化居民消费结构的政策建议

保证我国经济健康、持续、稳定增长的一个重要战略就是扩大国内居民的消费需求，而扩大内需的关键在于居民消费结构的升级。提高居民收入水平和调整产业结构是居民消费结构升级的经济保障；城市化建设是居民消费结构优化的助推器；转变消费模式，推动低碳消费，既有利于改善居民消费结构，又有利于物质消费、精神消费和生态消费的均衡发展；合适的财政、金融政策，为居民消费结构升级提供了政策引导；改善消费环境、完善社会保障是居民消费结构升级的制度保障；此外，对居民进行消费理论、消费观念、消费技能、消费方式和消费者权益保护等方面的教育也是优化居民消费结构的重要环节。

一、经济保障

（一）理顺收入分配关系，提高居民收入水平

收入水平是影响居民消费需求最直接、最根本的因素，最终决定着居民的消费水平，而居民的消费水平又直接决定居民消费结构。居民的支付能力受其收入水平的约束，只有提高收入水平才能突破原来的约束，使居民消费结构得到优化升级。因此，要优化居民消费结构、刺激居民消费，就要理顺收入分配关系，增加广大中低收入群体的收入，尤其是农村居民和城镇低收入阶层；同时还要尽量缩小收入分配差距，从而扩大消费需求。当收入差距扩大时，必然会对居民消费结构带来很大影响。收入分配结构的失衡和国民收入分配制度的不完善，造成我国居民的低消费率和高储蓄率，严重影响居民消费需求的扩大。因此，要通过调整国民收入结构，规范国民收入初次分配，完善再分配机制来增加居民收入，促进消费需求的扩大。

社会财富在一定时期是一定量，如果不需要或已满足的阶层和领域集中得过多，那么在一些存在消费潜力甚至急需消费的阶层和领域就缺乏进行有效消费的物质基础，只有合理的收入分配才有可能形成合理的有效消费，从而促进消费结构的优化升级。为此，一是逐步调整国家、企业和居民之间的收入分配比例，要通过工资政策改变劳动报酬在初次分

配中比重过低的状况，尽量使经济发展的财富更多地分配到居民手里。二是按照市场经济发展的要求，建立科学合理的收入分配机制，缩小社会不同阶层间的收入差距，提高低收入阶层的收入水平，扩大中等收入阶层的人数比重。三是继续推进工业化，为农村大量的剩余劳动力提供就业机会，增加农民收入，同时在高新技术产业和服务业不断开拓新的就业领域，创造更多的就业岗位，保障城镇低收入阶层的就业需求。四是加强收入方面的立法，使工资增长速度与劳动生产率的提高速度相一致；建立工资与物价水平之间的相互联动机制，使工资随着物价水平的变动而变动，以保障居民的实际购买力。五是运用税收政策使收入分配在调节过程中真正实现税负合理和公平，使高收入者多纳税，低收入者减负，从而使个税回归公平，提高居民购买力。六是进一步加大政府转移支付力度，增加对公共产品领域的投入。通过税收、转移支付以及调整工资来调控消费倾向，把调控收入差距纳入制度化轨道上来，减缓收入分配差距对消费的影响。

（二）调整产业结构，使之适应消费结构的优化升级

产业结构和消费结构相互关联。产业结构变化的深层动力来自消费结构的变化，而产业结构的变化又必定直接影响消费结构的现实变化。合理的消费结构的形成离不开产业结构的调整。加速产业结构升级，是消费结构升级的要求；消费结构的优化，需要产业结构的优化提供物质基础。

产业结构优化的关键在于主导产业的选择，这决定着产业结构的特征。结合我国产业发展的态势，运用经济手段及时调整产业结构和产品结构，以适应消费需要结构的变化。一是我国当前经济发展的主要特征仍然是二元经济，因此在一定的发展阶段，农村和城镇主导产业的选择也应有所不同。对处于成长期的产业要给予一定的扶持，同时对一部分衰退产业进行合理、有效的整改。二是大力发展第三产业，使产业结构不断趋向合理化。第三产业的发展水平是衡量一个国家或地区经济发展水平的重要标志，若第三产业发展水平较高，则能吸纳较多的劳动力，使国内生产总值和劳动者收入大幅增加，有利于满足居民的消费需求、提高消费质量、促进消费结构合理化。三是提高服务业整体水平。一方面对传统服务业加以改造，提高科技含量、增加服务品种、改善服务水平；另一方面积极开拓新型服务产业，拓宽服务领域，以提高消费吸引力。四是从消费者的角度考虑，重视了解消费者的需求变化趋势并根据这些变化及时调整生产规模和投资方向，以调整和优化产品供给结构，尽快适应消费需求结构的变化；同时针对不同收入阶层的消费者，进行市场细分，开发不同产品，政府在政策上支持引导的同时，企业也要主动参与研究，从而满足不同收入阶层的居民消费需求，这样才能促进资源的合理利用和经济的发展，达到扩大消费需求、优化消费结构的目的。五是要加快科技文化产业发展的步伐，增加文化产品的品种和数量，提高档次和质量。六是大力发展物流服务业。我国物流发展起步晚，发展潜力巨大，物流服务业覆盖的行业较多，其发展对拉动就业、优化产业结构、促进经济的发展具有重要作用。七是发展旅游业及相关产业，开发国际旅游，注重开发生态旅游事业。八是

重视部分高增长的制造行业的发展，提高其科技含量。要扩大国内消费需求，就要不断调整产业结构，以促进市场经济发展和居民消费结构的合理化。

二、城市化建设

缩小城乡差距、区域差距，加快城市化进程。城市具有高度的聚集性，是人口、经济、信息、文化、技术、金融的集中地，集中程度随着区域经济实力的增强而提升。城市是生产、生活高效率的体现，其发展必然要对周围区域产生扩散作用，这对区域经济发展起着巨大的推动作用。城市化水平是衡量一个国家或地区现代化程度和社会经济进步状况的重要标志，同时也是每个国家和地区经济发展、结构调整的主要推动力量和必然结果。推进城市化进程有助于保持地区经济的快速增长，带动区域经济的协调发展，因此，推进城市化已成为一个国家或地区发展经济的重要动力，我国的城乡二元结构是影响居民消费结构升级的根本性制度障碍。加速农村城市化进程，实现农业产业化，逐步缩小城乡差距，有利于提高农村居民消费水平、促进消费结构的优化。加快城市化进程，加快农村剩余劳动力的转移，是拉动消费需求的一个极为重要的因素。

我国不同区域的经济发展极不平衡，呈现区域性的特征，不同区域之间的经济各有特点，且差距非常明显。随着地区间经济发展不平衡的加剧，东部地区与中、西部，东北地区收入差距也在随之不断扩大，而收入存在较大差距必然导致地区间居民消费水平和消费结构也存在较大差距。如果完全依靠地区经济的自身发展，经济发展将更加区域化，这种差距只能越来越大。缩小区域差距，统筹区域经济协调发展，对扩大国内消费、优化居民消费结构具有重要作用。随着国家各项优惠政策从沿海向内地倾斜，经济发展也将出现从沿海到内地的区域性整体推进。为此，现阶段要进一步加快西部开发和中部地区崛起，振兴东北老工业基地，使各区域经济协调发展，缩小地区间的居民收入与消费差距，从而优化居民消费结构、扩大国内整体消费需求。

缩小城乡差距，加速城市化的发展。一是要加大制度变革的力量，逐步消除城乡分割的制度壁垒。在这方面需要变革的制度包括户籍制度、用工制度、住房制度等，为农村小城镇发展创造良好的体制环境。二是要大力发展乡镇企业和乡村工业，加快农村工业化、城市化的步伐，走新型工业化的道路。发挥中心城镇的辐射和带动作用，让更多的农民向城镇转移、让农村剩余劳动力向非农产业转移，推动城乡良性互动，实现城乡一体化，缩小城乡差距，由此实现大幅度提高农村居民的生活水平和实现消费质量的目标。通过工业的发展来带动小城镇的发展，同时为工业发展创造更好的条件，形成一种互相促进共同提高的良性循环的发展格局，实现小城镇发展质的飞跃。三是要集中农村土地资源，使农民进行专业化和规模化经营，从而提高农业劳动生产率，增加农村居民收入。四是要加强农村小城镇的基础设施和公共设施的建设，同时提供必要的市场、信息和服务，为小城镇发展奠定基本的物质条件和创造良好的投资环境，吸引各类投资主体参与小城镇建设，改变投资建设主体单一化的局面。通过推动城市化进程发展第二、第三产业，引导一部分农民从农业生产中转移出来，从而促进农民增收，推进工业化和城市化，这有利于提高居民的消费水平，促进消费结构的优化。

三、模式转变

推动低碳消费，倡导健康、环保、绿色的消费模式。低碳经济下的居民消费模式以能源的消耗量最小为基础，主张绿色消费、环境友好型消费和可持续消费，主张在消费过程中既能满足人的消费需求，又不对生态环境造成破坏。即要求人们在逐步调整和改善居民消费结构的同时，强调物质消费、精神消费和生态消费的均衡发展。注重协调人与生态的协调发展，让人的主体性在消费活动中得到发展，从而实现人的全面发展。可见，低碳消费是一种更好地提高生活质量的消费方式，低碳消费倡导健康、环保、绿色的消费模式，有利于居民消费结构的优化升级。

低碳消费有赖于低碳产业的发展，低碳产业要求科技创新，需要较高的节能技术和新能源开发技术，这将推动我国经济由粗放型向可持续发展方式转变，带动整个低碳产业的发展和整个产业结构的调整，从而推动消费结构的优化升级。为了推动低碳消费，实现消费结构的优化升级需要做到以下几点：一是在消费观念上要有所突破。消费观念会影响人们的消费行为。为此，消费者应树立与低碳经济相符合的消费观念，改变传统的消费观念，形成绿色消费、健康消费的消费观，在追求满足自身需要的消费时尽量做到不破坏大自然，让低碳消费变为每个人的共同职责。二是引导企业低碳生产与消费，发展绿色产品市场，将绿色产品作为消费产品的主要组成部分。因此，要引导企业实现循环生产，对环保型企业给予大力支持。鼓励和帮助企业运用先进设备和先进技术对生产过程中造成的污染进行处理，积极开发和探索可替代、可回收的原材料，这将推动企业生产技术的提高和设备的更新换代，使企业生产低碳产品，实现生产领域的低碳化、生态化，进而带动低碳化的消费需求，优化居民消费结构。三是要对消费者进行低碳消费的鼓励和引导，使消费者不断改变传统消费需求，主动接受消费低碳化，形成良好的消费习惯，实现消费与自然、社会的协调发展，不断地使消费者的消费需求从低层次向高层次发展。

四、政策引导

制定合适的财政、金融政策，引导居民消费结构升级。积极运用财政政策和货币政策调控不同收入阶层的收入差距，把调控收入差距纳入制度化轨道上来。大力压缩收费项目，降低收费金额，提高低收入阶层的收入水平，以此提升多数人的消费能力，缓解收入差距过大的矛盾，从而提高居民消费水平、优化消费结构。

随着经济的发展，我国不同收入社会阶层之间，不同区域之间、城乡之间的收入差距不断扩大，基尼系数较高，这严重影响了我国居民消费需求的增加和消费结构的升级。我国农村大多数居民属于低收入阶层，收入水平和消费水平较低，消费结构滞后于城镇居民。但我国有着 7 亿农村人口，消费潜力无限。从消费倾向来看，低收入阶层的收入增加对于消费需求的增加程度远远超过全社会范围内收入普遍增加对消费需求增加的程度，而转移支付通过调整收入而增加消费的效果较明显。因此，首先，可以通过转移支付扶持低收入阶层，这不仅体现了建设公平社会的要求，而且对消费所起的刺激作用更为显著。其次，可以制定合理的农产品收购价格政策和价格补贴政策，稳定农业发展。再次，要进一步发展乡镇企业，引导农民进行产业化经营，加快农村剩余劳动力的转移，增加非农产业收入。通过各种政策的实施，使农民的收入能够稳定增加，增加农村居民的消费需求，减少城乡居民消费结构差距。

在货币政策方面，可利用调整利率和消费信贷来引导居民消费结构的优化升级。利率的变动可以影响居民的储蓄和消费比例：当利率提高的时候，人们则更偏向于储蓄，而减少当期消费支出；相反，当利率降低的时候，人们会增加消费支出而减少储蓄。消费信贷是刺激消费需求、优化居民消费结构的重要工具。在收入一定的情况下，消费信贷可以提高居民的购买力，有助于将潜在需求转化为现实的消费需求。因此，完善个人信用制度、简化贷款担保手续，鼓励金融机构加快开发新型消费金融产品，为消费者提供多样化的消费信贷支持，同时政府应尽快清理并取消各种限制消费的政策。这对扩大居民消费需求、引导消费结构升级、推动经济增长具有重要作用。

通过制定合适的财政、金融政策，合理引导居民追求吃与穿的质量，合理引导居民对享受型和发展型消费品的消费需求，有助于实现居民消费结构的优化升级。

五、制度规范

（一）改善消费环境，降低居民消费结构升级的成本

经济越发展，消费环境越重要。现代文明的消费环境，是居民消费结构升级和国家全面进步的重要标志。营造良好的消费环境是加强社会主义精神文明建设和发展社会主义市场经济的需要，也是优化居民消费结构、产业结构的客观要求。只有让消费者放心消费、乐于消费，才能不断扩大居民消费需求，形成消费热点和新的经济增长点，促进市场的繁荣和经济的增长。因此，营造良好的消费环境成为政府、企业和消费者需要共同解决的重要问题。

在整个消费过程中只有生产者、经营者、消费者都严格按照法律规范自己，才能维护社会主义市场经济秩序。自然舒适、安全卫生、方便快捷、诚实不欺的市场是消费者放心消费和理性消费的理想环境。为了使城乡家庭收入的稳定增加和消费成本降低，政府需要优化消费的制度环境。一是要继续深化市场经济，打破部门、行业垄断和地区封锁，冲破市场封锁，打破政府参与经济活动的权力空间，把妨碍公平竞争、设置行政壁垒、排斥外地产品和服务的地方性法律规范废除，确保消费者在充分竞争、公平竞争市场上的选择权，

同时也确保企业正当的公平竞争。二是要完善立法、加强执法和监管。假冒伪劣商品猖獗，严重损害了消费者权益，影响了居民消费结构的改善。应进一步整顿和规范市场经济秩序，严厉打击假冒伪劣。加强监管，充分发挥消费者协会在保护消费者合法权益方面的重要作用。对直接危害人民切身利益、社会反映强烈的问题，进行集中整治。确保消费者投诉方便、赔偿合理。保护消费者权益是构建和谐社会、提高消费水平、促进经济发展的基础。三是随着互联网的普及和电子商务的快速发展，要加快网上知识产权保护和网上交易等方面法律法规的完善，促进电子商务、物流配送等物流服务业的发展。四是建立诚信社会。社会主义市场经济既是法制经济，也是信用经济。社会信用是整个经济系统得以良好运转的基础，如果社会信用不佳，整个经济秩序就会出现混乱和不规范。对生产者、经营者而言，诚实守信既是一种美德，也是提高自己声誉、树立良好品牌形象的基础，更是扩大市场、赢得消费者信赖的重要条件。为此，可通过净化消费环境，来提振消费信心、降低居民消费结构升级的成本，从而拉动消费需求，发挥消费对促进生产的能动作用。

（二）完善社会保障制度，支撑居民消费结构的升级

社会保障体系是社会主义市场经济体制的五大体系之一，在整个市场经济发展中具有重要作用，能够保障人们基本生活、维护社会稳定和社会安全；有利于调节经济运行，促进经济发展，实现社会收入分配的相对公平。完善社会保障制度是缩小贫富差距、实现共同富裕的需要，是扩大内需、促进经济发展的需要，是构建和谐社会的需要。因此，有效解决社会保障问题，已成为当前影响我国经济社会发展和安定团结的关键问题。

国内消费需求是否能稳定增长，主要看居民收入是否稳定增长和低收入群体的基本生活是否得到保障。完善的社会保障制度是社会保障健康发展的前提，对提升一国居民消费结构具有重要意义。而我国的社会保障制度尚不完善，居民收入预期的不确定性和支出预期的上升，是影响当前扩大内需、启动消费的主要制约因素。造成居民倾向于更多地储蓄，将现期消费转为远期消费，客观上阻碍了居民消费结构的优化升级。因此，如果要转变经济增长方式，由外需推动转向内需拉动，关键要完善社会保障制度。

建立健全就业、养老、医疗等保障制度，可以降低居民对未来不确定性的心理预期，减少为应付不确定性所增加的储蓄。一要扩大社会保障的覆盖面，将不同群体的劳动者纳入社会保障体系。随着经济实力的增强，逐步做到人人享有基本的社会保障。加大社会保障的投入，尤其是农村社会保障的投入，提高中低收入阶层的社会保障水平。二要进一步扩大社会保障基金规模。随着经济的增长和国有企业的发展壮大，可适当提高国家所属企业红利上缴比例，将其用于社会保障的投入，或在不影响国家对国企控股的情况下出售部分股权作为社会保障基金。健全公共财政体系，优化财政支出结构，逐步加大各级财政对社会保障的支出比重，把更多的财政资金投向住房、教育、医疗、就业和养老等公共服务领域。三要建立社会保障标准与物价水平挂钩的联动机制。根据物价变动的幅度和趋势来调整最低工资水平和社会保障标准，切实保障中低收入群体的基本生活。四要建立并完善

社会统筹与个人账户相结合的制度。在社会统筹满足居民基本保障需求的情况下，为了增加居民的社会保障意识和激励居民多缴费，可建立个人账户，根据缴费的不同实行差别化的保障水平。五要加快社会保障制度的规范化和法制化建设。社会保障制度是为保障人们的基本生活，依法强制实行的、从国家和社会获得物质帮助的一种保险制度。社会保障的各项具体制度都是依据法律而设定的。社会保障制度的实施需要有一整套社会保障法律规范为前提条件，使社会保障各个主体的权利由法律来赋予，而义务的履行则由法律来强制要求，从而使社会保障主体的权利、义务和职责明晰化，实现社会的公平、公正。法律的稳定性和连续性可以使社会保障主体的权利、义务获得一种确定性；同时，通过立法的强制性，能够使社会保障制度更有效地运作，从而使社会保障在基本制度、管理体制、业务流程等方面实现统一化和规范化操作。社会保障制度的有序运作和有法可依，有利于提高社保资金效率，降低运营风险。六要使社会保障水平与我国经济发展程度相适应。当社会保障过度的时候，会造成高消费、低储蓄的情形，背离经济发展的规律，从而削弱扩大再生产能力，最终制约经济增长；而当社会保障水平满足一国或地区经济发展需要的时候，则会刺激人们的消费欲望、促进消费需求快速增长。因此，要不断完善社会保障，使其符合经济发展的需要，以改变中低收入居民即期不敢消费的心理，使其放心大胆消费，这对于促进消费增长、优化居民消费结构具有重要意义。

六、消费教育

所谓消费教育，就是对居民在消费理论、消费观念、消费方式和消费者权益保护等方面的教育。国民消费教育的目的在于转变居民的消费观念，培育现代科学的、文明的、健康的消费理念。随着社会经济的发展，不断扩大消费需求，提高居民消费质量，用科学知识指导消费，同时做到不破坏环境，避免因过度消费而造成资源浪费和环境污染，实现可持续消费。通过消费教育对提高居民消费水平和优化消费结构起到积极作用。

居民的消费观念和消费行为会受到相关知识的影响，加强对居民的科学消费、理性消费知识的宣传教育，有助于改变居民不当的消费观念和消费行为，使其消费观念随着社会经济形势的变化而变化。

在自然资源日渐减少、自然灾害频发的当今社会，为了人类的可持续发展，必须倡导居民转变消费方式，实现人与自然的和谐发展。通过消费教育让居民了解转变消费方式的重要性，让居民在消费的同时注重环境保护，增加绿色消费。

没有一定的权益保证，消费者的基本需求就不能得到满足。我国消费者的维权意识淡薄，缺乏相关的法律知识，在自己的正当权益受到损害时不知道如何利用法律武器来保护自己。加强消费教育有助于加强消费者的维权意识，保护消费者的合法权益。只有在消费者的合法权益得到保障的情况下，扩大居民消费需求和优化居民消费结构才可能实现。

参考文献

[1] 李珂. 财政税收政策与居民消费水平、居民消费结构 [M]. 徐州：中国矿业大学出版社，2019.

[2] 宋建. 中等收入阶层与居民消费 [M]. 上海：上海人民出版社，2019.

[3] 吴瑾. 中国居民消费结构研究 [M]. 上海：上海财经大学出版社，2017.

[4] 宗成华，张新爱，刘慧，等. 中国西部农村居民消费结构变动研究 [M]. 上海：上海交通大学出版社，2019.

[5] 马少华. 基于多维视角解读中国居民消费行为 [M]. 广州：中山大学出版社，2017.

[6] 尚昀. 预防性储蓄、家庭财富与不同收入阶层的城镇居民消费行为 [M]. 济南：山东大学出版社，2019.

[7] 魏中龙. 北京市率先形成消费拉动型经济发展模式研究：基于居民消费的视角 [M]. 北京：中国财富出版社，2018.

[8] 陈冲. 不确定性条件下中国农村居民的消费行为研究 [M]. 北京：中国经济出版社，2016.

[9] 李凌. 中国居民消费需求研究 波动与增长的视角 [M]. 上海：上海社会科学院出版社，2016.

[10] 刘东皇. 居民消费与中国经济增长 [M]. 北京：光明日报出版社，2012.

[11] 李颖. 基于税负转嫁的间接税税收负担与城乡居民消费研究 [M]. 天津：天津科学技术出版社，2017.

[12] 潘建伟. 居民消费行为比较研究 [M]. 北京：中国经济出版社，2009.

[13] 马立平. 居民消费行为的定量研究 [M]. 北京：首都经济贸易大学出版社，2009.

[14] 李雄军. 扩大居民消费的财税金融政策研究 [M]. 西安：西安电子科技大学出版社，2013.

[15] 杨玲玲，史为磊. 解开束缚中国居民消费的绳索 [M]. 昆明：云南教育出版社，2013.

[16] 王静. 不确定性及其对农村居民消费行为的影响研究 [M]. 武汉：湖北人民出版社，2012.

[17] 汤跃跃. 当前我国居民消费公平问题研究 [M]. 广州：暨南大学出版社，2011.

[18] 袁志刚. 中国居民消费前沿问题研究 [M]. 上海：复旦大学出版社，2011.

[19] 朱向东. 中国农村居民消费与市场 [M]. 北京：中国统计出版社，2000.

[20] 王宇. 居民消费对中国产业结构转型的影响研究 [M]. 上海：上海人民出版社，2014.